사도신경 The Apostles' Creed

전능하사 천지를 만드신 하나님 아버지를 내가 믿사오며,
그 외아들 우리 주 예수 그리스도를 믿사오니,
이는 성령으로 잉태하사 동정녀 마리아에게 나시고,
본디오 빌라도에게 고난을 받으사, 십자가에 못 박혀 죽으시고,
장사한 지 사흘 만에 죽은 자 가운데서 다시 살아나시며,
하늘에 오르사, 전능하신 하나님 우편에 앉아 계시다가,
저리로서 산 자와 죽은 자를 심판하러 오시리라.
성령을 믿사오며, 거룩한 공회와,
성도가 서로 교통하는 것과,
죄를 사하여 주시는 것과, 몸이 다시 사는 것과,
영원히 사는 것을 믿사옵나이다. 아멘.

[1]사도신경 새번역

나는 전능하신 아버지 하나님, 천지의 창조주를 믿습니다.
나는 그의 유일하신 아들, 우리 주 예수 그리스도를 믿습니다.
그는 성령으로 잉태되어 동정녀 마리아에게서 나시고,
본디오 빌라도에게 고난을 받아 십자가에 못 박혀 죽으시고,
장사된 지[2] 사흘 만에 죽은 자 가운데서 다시 살아나셨으며,
하늘에 오르시어 전능하신 아버지 하나님 우편에 앉아 계시다가,
거기로부터 살아 있는 자와 죽은 자를 심판하러 오십니다.
나는 성령을 믿으며, 거룩한 공교회와 성도의 교제와
죄를 용서받는 것과 몸의 부활과 영생을 믿습니다. 아멘.

---

1) '사도신조'로도 번역할 수 있다.
2) '장사되시어 지옥에 내려가신 지'가 공인된 원문(Forma Recepta)에는 있으나, 대다수의 본문에는 없다.

온마음 쓰기성경®

Self writing bible

구약 1

〈창세기 ~ 사무엘상〉

| 필 사 자 |

| 시작한 날 | 년 월 일

| 마감한 날 | 년 월 일

"주의 말씀의 맛이 내게 어찌 그리 단지요 내 입에 꿀보다 더 다니이다"
(시편 119:103)

AGAPE
[주]아가페출판사

구약 1

성경 쓰기표

창세기	1	2	3	4	5	6	7	8	9	10	11	12	13	14	15	16	17	18	19	20	21	22	23	24	25	26	27	28
	29	30	31	32	33	34	35	36	37	38	39	40	41	42	43	44	45	46	47	48	49	50						
출애굽기	1	2	3	4	5	6	7	8	9	10	11	12	13	14	15	16	17	18	19	20	21	22	23	24	25	26	27	28
	29	30	31	32	33	34	35	36	37	38	39	40																
레위기	1	2	3	4	5	6	7	8	9	10	11	12	13	14	15	16	17	18	19	20	21	22	23	24	25	26	27	
민수기	1	2	3	4	5	6	7	8	9	10	11	12	13	14	15	16	17	18	19	20	21	22	23	24	25	26	27	28
	29	30	31	32	33	34	35	36																				
신명기	1	2	3	4	5	6	7	8	9	10	11	12	13	14	15	16	17	18	19	20	21	22	23	24	25	26	27	28
	29	30	31	32	33	34																						
여호수아	1	2	3	4	5	6	7	8	9	10	11	12	13	14	15	16	17	18	19	20	21	22	23	24				
사사기	1	2	3	4	5	6	7	8	9	10	11	12	13	14	15	16	17	18	19	20	21							
룻기	1	2	3	4																								
사무엘상	1	2	3	4	5	6	7	8	9	10	11	12	13	14	15	16	17	18	19	20	21	22	23	24	25	26	27	28
	29	30	31																									

일러두기

- 필사를 마친 부분을 색펜이나 형광펜으로 표시하세요.
- 평일에 3장, 주일에 5장이면 성경 전체를 일년에 완필하실 수 있습니다.
- 하루의 십일조(2.4시간)를 드리면, 일년에 완필하실 수 있습니다.
- 한 가정에서 가족들이 함께 나누어 필사할 수도 있습니다.

1. 성경은 성령님의 감동으로 이루어진 하나님의 말씀입니다. (딤후 3:16)
– 성령님을 의지하는 겸손한 믿음으로 시작하십시오.

2. 성경은 주야로 묵상하여야 할 우리 삶의 지침입니다. (시 1:2)
– 삶이 변화되기를 바라는 간절한 마음이 필요합니다.

3. 성경은 우리를 하나님의 사람으로 온전케 하는 진리입니다. (딤후 3:17)
– 회개의 기도는 신자들의 호흡입니다.

4. 성경은 일점일획도 변함없이 이루어질 하나님의 약속입니다. (마 5:18)
– 굳건한 신뢰의 마음으로 써야 합니다.

5. 성경은 사람을 구원에 이르게 하는 지혜의 말씀입니다. (요 20:31; 딤후 3:15)
– 구원의 기쁨을 노래하는 마음으로 기록합니다.

6. 성경말씀은 성령께서 쓰시는 검(劍)입니다. 영적전투의 공격용 무기입니다. (엡 6:17)
– 그리스도의 좋은 군사로서, 진리를 위하여 싸우는 담대한 자세가 요청됩니다.

7. 성경말씀의 핵심은 하나님을 사랑하며, 이웃을 사랑하는 것입니다. (마 22:37–40)
– 사랑을 배우고 행하는 사람으로서의 태도가 필수적입니다.

8. 매일 시간을 정해 놓고 하며, 기도로 시작하여 기도로 끝냅니다.
– 하루 24시간의 십일조(2.4시간)를 성경 쓰기에 드리면, 일년에 성경 전체를 완필할 수 있습니다.

온마음 쓰기성경® 활용법

소제목을 쓰시면 됩니다.

장 숫자 수록

절 숫자 수록

성경을 보시면서 절에 맞춰 성경 본문을 쓰시면 됩니다.

창세기 Genesis

천지 창조

1 태초에 하나님이 천지를 창조하
시니라
2 땅이 혼돈하고 공허하며 흑암이
깊음 위에 있고 하나님의 영은
수면 위에 운행하시니라
3 하나님이 이르시되 빛이 있으라
하시니 빛이 있었고
4 빛이 하나님이 보시기에 좋았더
라 하나님이 빛과 어둠을 나누사
5 하나님이 빛을 낮이라 부르시고
어둠을 밤이라 부르시니라 저녁
이 되고 아침이 되니 이는 첫째
날이니라
6
7
8
9
10
11
12
13
14
15
16
17
18

이스라엘아 들으라

우리 하나님 여호와는 오직 유일한 여호와이시니

너는 마음을 다하고 뜻을 다하고 힘을 다하여

네 하나님 여호와를 사랑하라

오늘 내가 네게 명하는 이 말씀을

너는 마음에 새기고

네 자녀에게 부지런히 가르치며

집에 앉았을 때에든지 길을 갈 때에든지

누워 있을 때에든지 일어날 때에든지

이 말씀을 강론할 것이며

너는 또 그것을 네 손목에 매어 기호를 삼으며

네 미간에 붙여 표로 삼고

또 네 집 문설주와 바깥 문에 기록할지니라

(신명기 6:4-9)

온마음
쓰기성경®

구약 1

〈창세기 ~ 사무엘상〉

아가페

창세기

제목

히브리 성경은 창세기의 명칭을 '브레쉬트'라고 붙였다. 이 명칭은 1장 1절의 맨 처음 단어에서 가져온 것으로 "태초에"라는 뜻이다. '칠십인역'(Septuagint, LXX)은 창세기의 중심 단어라 할 수 있는 '톨레돗'(Toledoth:세대, 자손, 후손)을 '게네세오스'(Geneseos:기원, 생성, 근원, 원천)로 번역하고, 이를 명칭으로 정하였다. 이 명칭을 따라 영어 성경은 'Genesis'라 이름하였고, 한글 성경은 '창세기'라 명명하였다.

저자와 저작 연대

창세기에는 저자에 관한 분명한 언급이 없다. 그러나 전승들은 한결같이 성경의 처음 다섯 책들을 모세의 저작으로 인정한다. 저작 연대는 B.C. 1450–1400년 사이로 추정된다.

기록 장소와 대상

일반적으로 보수주의 신학자들은 모세가 시내산에 머무는 동안 이 계시를 받았다고 생각한다.

창세기는 이스라엘 백성을 위해서 기록되었다. 그러나 하나님께서 족장들에게 하신 약속들과 예수 그리스도를 통하여 이루실 인류의 구속 및 하나님의 사랑에 대한 기초들이 제시되어 있는 것을 볼 때, 창세기는 역사를 초월하여 모든 인류를 대상으로 하고 있음을 알 수 있다.

기록 목적

창세기의 최초 독자가 출애굽하여 광야에서 생활하던 이스라엘 백성이라는 점을 감안한다면, 본서의 기록 의도와 목적을 그리 어렵지 않게 파악할 수 있다. 창세기는 출애굽하여 광야에서 훈련받는 출애굽 1세대에게 천지를 창조하신 창조주 하나님을 가르치고, 그분이 아브라함을 택하여 이스라엘 백성을 자기 백성으로 삼으시고 그들에게 가나안 땅을 약속의 땅으로 주시겠다는 언약을 맺으신 일들에 대해 설명한 책이다. 즉, 본서는 이스라엘 백성들이 이를 통해 척박한 광야의 삶을 이겨내고, 소망을 가지고 가나안 땅을 향하여 나아가도록 격려하기 위해 기록되었다.

핵심어 및 내용

창세기의 핵심어는 "시작", "인간", "언약" 등이다. 창세기는 하늘과 땅, 식물과 동물, 남자와 여자, 죄와 문명, 하나님의 구속 사역이 어떻게 시작되었는지를 설명해 주고 있다. 또한 언약을 통해서 인류에 대한 하나님의 영

주요 사건 연대

B.C.

- 천지 창조 (1:1–27)
- 노아 홍수 심판 (7:6–24)
- 바벨탑 사건 (11:1–9)
- 아브람의 탄생과 족장 시대의 개막 (11:27) B.C. 2166
- 아브람이 우르를 떠나 가나안으로 이주 (12:4–5) B.C. 2091
- 이삭의 출생 (21:2–3) B.C. 2066
- 에서와 야곱의 출생 (25:25–26) B.C. 2006
- 아브라함의 죽음 (25:7–8) B.C. 1991
- 요셉의 출생 (30:24) B.C. 1915
- 요셉이 애굽으로 팔려감 (37:26–28) B.C. 1898
- 요셉의 애굽 총리 등용 (41:46) B.C. 1885
- 야곱 가족의 애굽 이주 (46:7) B.C. 1876
- 요셉의 죽음 (50:26) B.C. 1805

원한 구속 계획이 제시되었다. 하나님께서는 이 언약을 아브라함과 맺으셨다.

주요 내용

태초에 천지와 인간이 하나님께서 보시기에 좋은 모습으로 창조되었으나, 최초의 인류 아담과 하와가 타락함으로 이 세상에 죄의 역사가 시작된다. 죄의 영향력은 실로 대단해서 노아 홍수의 심판을 초래했으며, 하나님께서는 인류를 구원하시기 위해 아브라함을 시작으로 하여 이삭, 야곱과 언약을 맺으시고 믿음과 구원의 역사를 시작하신다. 하나님께서는 아브라함과 이삭과 야곱에게 가나안 땅을 약속의 땅으로 주실 것과 큰 민족을 이루게 하실 것을 약속하셨다. 그러나 아브라함에게는 독자 이삭을 100세에, 그것도 사라가 아이를 낳을 수 없는 때에 주셨으며, 이삭에게는 첫아들 에서가 아니라 둘째인 야곱이 그 대를 잇게 하셨다. 그럼으로써 그들에게 약속된 것들이 결코 인간의 힘이나 조건에 의해서가 아니라 오직 하나님의 능력으로만 이루어질 것임을 나타내셨다. 특히 야곱의 경우, 그의 모든 인간적인 술수와 노력에도 불구하고 하나님의 약속은 오직 하나님을 의지할 때만 성취된다는 사실을 얍복 강 나루에서의 씨름 사건을 통해서 가르쳐 주셨다.

하나님께서는 보잘것없는 인간에 불과한 아브라함, 이삭, 야곱을 부르셔서 믿음을 갖게 하시고 가르치셨으며, 그들과 언약을 맺으시고 구원의 역사를 이루어 나가셨다. 하나님께서는 요셉의 생애에도 함께하셔서 꿈을 주시고 그의 모든 길을 인도해 가셨다. 모든 것은 하나님께로부터 시작된다. 그의 삶에 수많은 어려움이 있었지만 하나님께서 함께하심으로 요셉의 생애는 큰 성공을 거두었고, 그를 통해 이스라엘의 미래를 준비할 수 있었다. 창세기의 마지막 부분은 야곱과 요셉의 죽음으로 마무리된다. 아브라함, 이삭, 야곱, 요셉 모두가 훌륭하게 쓰임 받았으나, 유한한 인간이기에 죽음을 맞이한다. 그러나 영원하신 하나님의 은혜는 계속될 것이 암시된다.

우리의 믿음은 창세기의 하나님께로부터 시작되었다. 그분은 오래전에 아브라함을 부르시고 그의 자손을 통해 예수 그리스도를 이 땅에 보내셔서 온 인류를 구원하셨다. 그분은 우리 속에 착한 일을 시작하셨다. 이것은 그 마지막도 하나님께서 완성하실 것이라는 사실을 암시한다(빌 1:6). 오늘을 살아가는 우리는 현재 자신이 어떤 상황에 처해 있다 하더라도 하나님의 구원의 완성을 의심하지 말아야 한다. 혹 야곱과 같은 상황일 수도 있고, 요셉과 같은 상황일 수도 있다. 하지만 중요한 것은 반드시 그분의 은혜로우심을 따라 승리하게 될 것이라는 사실이다. 하나님을 믿고 신뢰하면 하나님께서 약속하신 복을 누리며 그분의 백성다운 삶을 살게 될 것이다.

주제와 중심 사상

창세기는 기원에 관한 책으로서, 그 대상은 하늘과 땅, 빛과 어둠, 사람과 짐승, 죄와 구속, 축복과 저주, 사회와 문명, 결혼과 가정, 기술과 산업 등 실로 다양하다. 그뿐 아니라 이스라엘 신정 정치 수립에 초석이 된 가나안 땅에 관한 언약이 기록되어 있다. 비록 하나님께서는 아브라함과 그 후손들을 택하시어 그들과 관계를 맺으시지만, 그 목적은 그들을 통하여 이 땅의 모든 족속들을 축복하시려는 것이었다.

이와 같은 하나님의 방대한 계획을 밝히는 과정에서 저자는 하나님의 주권을 강조한다. 하나님께서는 자신의 뜻을 이루시기 위해서 하늘과 땅도 움직일 수 있는 우주의 지배자이시다. 그 하나님께서 인류를 축복하기를 원하신다. 이를 위하여 하나님의 부르심을 받은 사람들은 믿음으로 순종하였다. 따라서 창세기를 읽을 때는 "믿음이 없이는 하나님을 기쁘시게 하지 못한다"는 진리(히 11:6)를 상기하게 될 것이다.

내용 분해

1. 창조 (1–2장)
2. 타락 (3–5장)
3. 대홍수 (6–9장)
4. 민족의 탄생 (10–11장)
5. 아브라함 (12:1–25:18)
6. 이삭 (25:19–26장)
7. 야곱 (27–36장)
8. 요셉 (37–50장)

1

2

3

4

5

6

7

8

9

10

11

12

13

14

15

16

17

18

19

20

21

22

23

24

25

26

27

28

29

30

31

2

2

3

4

5

6

7

8

9

10

11

12

13

14

15

16

17

18

19

20

21

22

23

24

25

3

2

3

4

5

6

7

8

9

10

11

12

13

14

15

16

17

18

19

20

21

22

23

24

4

2

3

4

5

6

7

8

9

10

11

12

13

14

15

16

17

18

19

20

21

22

23

24

25

26

5

2

3

4

5

6

7

8

9

10

11

12

13

14

15

16

17

18

19

20

21

22

23

24

25

26

27

28

29

30

31

32

6

2

3

4

5

6

7

8

9

10

11

12

13

14

15

16

17

18

19

20

21

22

7

2

3

4

5

6

7

8

9

10

11

12

13

14

15

16

17

18

19

20

21

22

23

24

8

2

3

4

5

6

7

8

9

10

11

12

13

14

15

16

17

18

19

20

21

22

9

2

3

4

5

6

7

8

9

10

11

12

13

14

15

16
17
18
19
20
21
22
23
24
25
26
27
28
29

10

2
3
4

5

6

7

8

9

10

11

12

13

14

15

16

17

18

19

20

21

22

23

24

25

26

27

28

29

30

31

32

11

2

3

4

5

6

7

8

9

10

11

12

13

14
15
16
17
18
19
20
21
22
23
24
25
26
27
28
29
30
31
32

12

2
3

4

5

6

7

8

9

10

11

12

13

14

15

16

17

18

19

20

13

2

3

4

5

6

7

8

9

10

11

12

13

14

15

16

17

18

14

2

3

4

5

6

7

8

9

10

11

12

13

14

15

16

17

18

19

20

21

22

23

24

15

2

3

4

5

6

7

8

9

10

11

12

13

14

15

16

17

18

19

20

21

16

2

3

4

5

6

7

8

9

10

11

12

13

14

15

16

17

2

3

4

5

6

7

8

9

10

11

12

13

14

15

16

17

18

19

20

21

22

23

24

25

26

27

18

2

3

4

5

6

7

8

9

10

11

12

13

14

15

16

17

18

19

20

21

22

23

24

25

26

27

28

29

30

31

32

33

19

2

3

4

5

6

7

8

9

10

11

12

13

14

15

16

17

18

19

20

21

22

23

24

25

26

27

28

29

30

31

32

33

34

35

36

37

38

20

2

3

4

5

6

7

8

9

10

11

12

13

14

15

16

17

18

21

2

3

4

5

6

7

8

9

10

11

12

13

14

15

16

17

18

19

20

21

22

23

24

25

26

27

28

29

30

31

32

33

34

22

2

3

4

5

6

7

8

9

10

11

12

13

14

15

16

17

18

19

20

21

22

23

24

23

2

3

4

5

6

7

8

9

10

11

12

13

14

15

16

17

18

19

20

24

2

3

4

5

6

7

8

9

10

11

12

13

14

15

16

17

18

19

20

21

22

23

24

25

26

27

28

29

30

31

32

33

34

35

36

37

38

39

40

41

42

43

44

45

46

47

48

49

50

51

52

53

54

55

56

57

58

59

60

61

62

63

64

65

66

67

25

2

3

4

5

6

7

8

9

10

11

12

13

14

15

16

17

18

19

20

21

22

23

24

25

26

27

28

29

30

31

32

33

34

26

2

3

4

5

6
7

8

9

10

11

12

13

14

15

16

17

18

19

20

21

22

23

24

25

26

27

28

29

30

31

32

33

34

35

27

2

3

4

5

6

7

8

9

10

11

12

13

14

15

16

17

18

19

20

21

22

23

24

25

26

27

28

29

36

30

31

37

32

38

33

39

34

40

35

41

42

43

44

45

46

28

2

3

4

5

6

7

8

9

10

11

12

13

14

15

16

17

18

19

20

21

22

29

2

3

4

5

6

7

8

9

10

11

12

13

14

15

16

17

18

19

20

21

22

23

24

25

26

27

28

29

30

31

32

33

34

35

30

2

3

4

5

6

7

8

9

10

11

12

13

14

15

16

17

18

19

20

21

22

23

24

25

26

27

28

29

30

31

32

33

34

35

36

37

38

39

40

41

42

43

31

2

3

4

5

6

7

8

9

10

11

12

13

14

15

16

17

18

19

20

21

22

23

24

25

26

27

28

29

30

31

32

33

34

35

36

37

38

39

40

41

42

43

44

45

46

47

48

49

50

51

52

53

54

55

32

2

3

4

5

6

7

8

9

10

11

12

13

14

15

16

17

18

19

20

21

22

23

24

25

26

27

28

29

30

31

32

33

2

3

4

5

6

7

8

9

10

11

12

13

14

15

16

17

18

19

20

34

2

3

4

5

6

7

8

9

10

11

12

13

14

15

16

17

18

19

20

21

22

23

24

25

26

27

28

29

30

31

35

2

3

4

5

6

7

8

9

10

11

12

13

14

15

16

17

18

19

20

21

22

23

24

25

26

27

28

29

36

2

3

4

5

6

7

8

9

10

11

12

13

14

15

16

17

18

19

20

21

22

23

24

25

26

27

28

29

30

31

32

33

34

35

36

37

38

39

40

41

42

43

37

2

3

4

5

6

7

8

9

10

11

12

13

14

15

16

17

18

19

20

21

22

23

24

25

26

27

28

29

30

31

32

33

34

35

36

38

2

3

4

5

6

7

8

9

10

11

12

13

14

15

16

17

18

19

20

21

22

23

24

25

26

27

28

29

30

39

2

3

4

5

6

7

8

9

10

11

12

13

14

15

16

17

18

19

20

21

22

23

40

2

3

4

5

6

7

8

9

10

11

12

13

14

15

16

17

18

19

20

21

22

23

41

2

3

4

5

6

7

8

9

10

11

12

13

14

15

16

17

18

19

20

21

22

23

24

25

26

27

28

29

30

31

32

33

34

35

36

37

38

39

40

41

42

43

44

45

46

47

48

49

50

51

52

53

54

55

56

57

42

2

3

4

5

6

7

8

9

10

11

12

13

14

15

16

17

18

19

20

21

22

23

24

25

26

27

28

29

30

31

32

33

34

35

36

37

38

43

2

3

4

5

6

7

8

9

10

11

12

13

14

15

16

17

18

19

20

21

22

23

24

25

26

27

28

29

30

31

32

33

34

44

2

3

4

5

6

7

8

9

10

11

12

13

14

15

16

17

18

19

20

21

22

23

24

25

26

27

28

29

30

31

32

33

34

45

2

3

4

5

6

7

8

9

10

11

12

13

14

15

16

17

18

19

20

21

22

23

24

25

26

27

28

46

2

3

4

5

6

7

8

9

10

11

12

13

14

15

16

17

18

19

20

21

22

23

24

25

26

27

28

29

30

31

32

33

34

47

2

3

4

5

6

7

8

9

10

11

12

13

14

15

16

17

18

19

20

21

22

23

24

25

26

27

28

29

30

31

48

2

3

4

5

6

7

8

9

10

11

12

13

14

15

16

17

18

19

20

21

22

49

2

3

4

5

6

7

8

9

10

11

12

13

14

15

16

17

18
19
20
21
22
23
24
25
26
27
28
29
30
31
32
33

50

2

3

4

5

6

7

8

9

10

11

12

13

14

15

16

17

18

19

20

21

22

23

24

25

26

출애굽기

제목

출애굽기라는 명칭은 구약성경의 헬라어 역본인 '칠십인역'을 따른 것이다. 칠십인역의 명칭은 '엑소도스'인데 이것은 "출발, 탈출, 밖으로 나감" 등을 뜻한다(19:1; 히 11:22). 출애굽기는 다른 책들과 분리된 내용이 아니라 창세기에서 시작하여 레위기, 민수기, 신명기로 이어지는 큰 줄거리의 교량 역할을 하는 책으로 상기 책들과 상호 연속성을 가진다.

저자와 저작 연대

출애굽기를 비롯한 오경의 저자는 모세이다. 수 8:31에서는 출 20:25의 명령을 인용하면서 "모세의 율법책에 기록된 대로"라고 하였다. 신약성경에도 모세의 저작권을 인정하는 구절이 많이 있다(막 7:10; 눅 2:22-23). 저작 연대는 B.C. 1450-1400년경이다.

기록 장소와 대상

일반적으로 보수주의 신학자들은 모세가 시내 산에 머무는 동안 이 계시를 받았다고 생각한다. 출애굽기는 이스라엘 백성을 대상으로 기록되었다.

기록 목적

출애굽기의 기록 목적은 하나님의 언약 백성인 이스라엘의 구속과 관련이 있다. 출애굽기는 하나님께서 아브라함에게 큰 나라를 이루실 것을 약속하셨고, 한 국가로서의 이스라엘 백성이 어떻게 이루어졌고, 그 나라가 어떻게 시작되었는지를 보여준다. 출애굽기는 속박과 종살이의 땅에서 이스라엘 백성을 구속하심으로써 하나님의 계획을 이루시고, 자연적인 방식이 아닌 홍해를 건너는 것과 같은 이적으로 언약을 성취시키시는 하나님을 나타내고 있다. 그 구속받은 나라로서의 이스라엘 백성은 제사장 나라로서 시내산에서 하나님과 언약을 체결하고 율법을 받는다. 하나님께서는 그 백성과 함께 거하시며 교제하시는 성막을 짓도록 하셔서 그 나라를 실질적으로 통치하시는 분이 하나님이심을 나타내신다.

역사적 배경

원래 메소포타미아 지역에 거주했던 힉소스 족속은 애굽(이집트)의 세력이 약화되던 B.C. 1700-1580년 사이에, 시리아-팔레스타인 그리고 애굽 델타 지역을 정복하고 힉소스 왕조를 세운다. 이것이 애굽의 제17왕조인 힉소스 왕조다. 힉소스는 이집트어로 '외국의 통치자'라는 의미인데, 이때 요셉이 국무총리가 되고, 이스라엘 자손들이 애굽으로 들어간다. 이후

주요 사건 연대

B.C.

요셉을 알지 못하는 왕의 출현과 노예 생활 시작 (1:8) B.C. 1580

모세의 출생 (2:2) B.C. 1526

모세의 도망과 미디안 정착 (2:15-25) B.C. 1487

호렙산에서 부름받은 모세 (3:1-4:17) B.C. 1447

바로와의 대면과 열 가지 재앙 (5:1-12:36) B.C. 1447

출애굽 (12:35-51) B.C. 1446

시내산 도착과 십계명 수여 (19:1-24:18) B.C. 1446

성막 건축 (35:1-40:38) B.C. 1445

힉소스 왕조에 대한 애굽 사람들의 반란으로 새로운 애굽 왕조가 들어서는데, 아모세 왕이 애굽의 제18왕조 시대를 열었다.

모세가 태어날 때의 애굽 왕은 투트모세 1세이다(B.C. 1526-1512년). 이때 투트모세 1세의 딸 하트셉수트가 모세를 양자로 삼는다. 하트셉수트는 조카 투트모세 3세(B.C. 1504-1450년)와 함께 섭정을 하다가 B.C. 1483년에 죽는다. 양어머니의 보호를 받던 모세가 자신을 죽이려는 왕을 피해 미디안 광야로 도망갔던 시기가 이때쯤이다. 이후에 모세가 소명을 받고 출애굽을 이끌던 당시의 애굽은 아멘호테프 2세가 다스리던 시기이다(B.C. 1450-1425년). 따라서 보통 출애굽 시기를 대략 B.C. 1446년경으로 추정하고 있다.

핵심어 및 내용

출애굽기의 핵심어는 "구출", "구속", "계명" 등이다. 노예의 신분으로 억압받고 있던 이스라엘 민족을 구출해 낸 출애굽 사건은 하나님께서 택하신 백성을 완전히 구속하시기 위하여 행하신 많은 이적들 가운데 하나이다. 본서는 십계명과 다른 율법들을 통해 어떻게 사는 것이 하나님께서 바라는 삶인가를 가르쳐 주고 있다.

주요 내용 및 특징

출애굽기의 하나님은 구속의 하나님으로, 애굽에서의 이스라엘 백성들을 열 가지 재앙을 통해 궁극적으로 구출하시고 구원하시는 분으로 나타난다. 점증적인 재앙의 강도가 장자의 죽음인 열 번째 재앙에서 최고조에 달하며, 마지막 재앙의 내용과 결과로 유월절이 제정된다. 이 절기는 최초의 절기이자 이스라엘 나라의 태동을 알리고, 나라의 근간을 이루는 중요한 내용을 상기시킨다.

새로운 나라의 형성에 꼭 필요한 의무로 주어지는 시내산 율법은 하나님의 백성이 따라야 할 삶의 표준으로 주어진다. 그리고 언약 백성인 이스라엘을 하나님께서 다스리시고 통치하신다는 원리로서 성막을 세우게 하시는데, 이 성막은 궁극적인 하나님 나라가 이루어지는 모형으로 주어진 것이다.

신학 사상

출애굽기에는 몇 가지의 기본적인 신학 사상이 깔려 있다. 첫째, 하나님의 자기 계시, 둘째 그의 속성, 셋째 구속 사상, 넷째 그의 율법과 하나님께 대한 예배 방법이다. 또 언약의 중재자인 모세의 소명과 사역, 제사장 제도의 시작, 선지자의 역할 등으로 다양하다. 하나님의 속성은 3, 6, 33-34장에서 잘 나타나 있으며, 그 초점은 '여호와'라는 이름과 그의 영광의 임재에 있다. 또 역사의 주관자로서의 그의 영광, 거룩함, 위엄, 능력에 견줄 자가 없음(15:11)을 강조한다. 그리고 구속 신학의 핵심은 12, 24장에서 볼 수 있다. 유월절 양의 죽음은 예수 그리스도에게서 성취되었다(요 1:29; 고전 5:7). 그리고 이 구속은 하나님의 언약에 기초한 것(2:24)으로서 조상들에게 약속하신 언약이 점차 발전하는 것을 볼 수 있다(3:15-17; 6:2-8; 19:3-8). 또 '십계명'(20:1-17)을 통하여 성경적 윤리와 도덕의 기초를 확고히 하고, '언약의 책'(20:22-23:33)을 통하여 그 원리를 실생활에 어떻게 적용할 것인가를 가르치고 있다. 그리고 마지막으로 예배학에 관한 사상으로 끝을 맺는다. 여기에서는 성막을 중심으로 한 모든 제도와 규율이 무소부재하시고 불변하시는 하나님의 임재와 더불어 강조되고 있다.

내용 분해

1. 이스라엘의 해방 (1:1-18:27)
2. 시내 광야에서의 이스라엘 (19:1-40:38)
   (1) 시내산 언약의 확립 (19:1-24:18)
   (2) 성막과 제사장 직분에 대한 명령 (25:1-31:18)
   (3) 파기되었다가 회복된 언약 (32:1-34:35)
   (4) 성막을 세우는 이스라엘 (35:1-39:43)
   (5) 성막의 완성과 봉헌 (40:1-38)

1

2

3

4

5

6

7

8

9

10

11

12

13

14

15

16

17

18

19

20

21

22

2

2

3

4

5

6

7

8

9

10

11

12

13

14

15

16

17

18

19

20

21

22

23

24

25

3

2

3

4

5

6

7

8

9

10

11

12

13

14

15

16

17

18

19

20

21

22

4

2

3

4

5

6

7

8

9

10

11

12

13

14

21

15

16

22

23

17

18

24

25

19

26

20

27

28

29

30

31

5

2

3

4

5

6

7

8

9

10

11

12

13

14

15

16

17

18

19

20

21

22

23

6

2

3

4

5

6

7

8

9

10

11

12

13

14

15

16

17

18

19

20

21

22

23

24

25

26

27

28

29

30

7

2

3

4

5

6

7

8

9

10

11

12

13

14

15

16

17

18

19

20

21

22

23

24

25

8

2

3

4

5

6

7

8

9

10

11

12

13

14

15

16

17

18

19

20

21

22

23

24

25

26

27

28

29

30

31

32

9

2

3

4

5

6

7

8

9

10

11

12

13

14

15

16

17

18

19

20

21

22

23

24

25

26

27

28

29

30

31

32

33

34

35

10

2

3

4

5

6

7

8

9

10

11

12

13

14

15

16

17

18

19

20

21

22

23

24

25

26

27

28

29

11

2

3

4

5

6

7

8

9

10

12

2

3

4

5

6

7

8

9

10

11

12

13

14

15

16

17

18

19

20

21

22

23

24

25

26

27

28

29

30

31

32

33

34

35

36

37

38

39

40

41

42

43

44

45

46

47

48

49

50

51

13

2

3

4

5

6

7

8

9

10

11

12

13

14

15

16

17

18

19

20

21

22

14

2

3

4

5

6

7

8

9

10

11

12

13

14

15

16

17

18

19

20

21

22

23

24

25

26

27

28

29

30

31

15

2

3

4

5

6

7

8

9

10

11

12

13

14

15

16

17

18

19

20

21

22

23

24

25

26

27

16

2

3

4

5

6

7

8

9

10

11

12

13

14

15

16

17

18

19

20

21

22

23

24

25

26

27

28

29

30

31

32

33

34

35

36

17

2

3

4

5

6

7

8

9

10

11

12

13

14

15

16

18

2

3

4

5

6

7

8

9

10

11

12

13

14

15

16

17

18

19

20

21

22

23

24

25

26

27

19

2

3

4

5

6

7

8

9

10

11

12

13

14

15

16

17

18

19

20

21

22

23

24

25

20

2

3

4

5

6

7

8

9

10

11

12

13

14

15

16

17

18

19

20

21

22

23

24

25

26

21

2

3

4

5

6

7

8

9

10

11

12

13

14

15

16

17

18

19

20

21

22

23

24

25

26

27

28

29

30

31

32

33

34

35

36

22

2

3

4

5

6

7

8

9

10

11
12
13
14
15
16
17
18
19
20
21
22
23
24
25
26
27
28

29

30

31

23

2

3

4

5

6

7

8

9

10

11

12

13

14

15

16

17

18

19

20

21

22

23

24

25

26

27

28

29

30

31

32

33

24

2

3

4

5

6

7

8

9

10

11

12

13

14

15

16

17

18

25

2

3

4

5

6

7

8

9

10

11

12

13

14

15

16

17

18

19

20

21

22

23

24

25

26

27

28

29

30

31

32

33

34

35

36

37

38

39

40

26

2

3

4

5

6

7

8

9

10

11

12

13

14

15

16

17

18

19

20

21

22

23

24

25

26

27

28

29

30

31

32

33

34

35

36

37

27

2

3

4

5

6

7

8

9

10

11

12

13

14

15

16

17

18

19

20

21

28

2
3
4
5
6
7
8
9
10
11
12
13
14
15
16
17

18

19

20

21

22

23

24

25

26

27

28

29

30

31

32

33

34

35

36

37

38

39

40

41

42

43

29

2

3

4

5

6

7

8

9

10

11

12

13

14

15

16

17

18

19

20

21

22

23

24

25

26

27

28

29

30

31

32

33

34

35

36

37

38

39

40

41

42

43

44

45

46

30

2

3

4

5

6

7

8

9

10

11

12

13

14

15

16

17

18

19

20

21

22

23

24

25

26

27

28

29

30

31

32

33

34

35

36

37

38

31

2

3

4

5

6

7

8

9

10

11

12

13

14

15

16

17

18

32

2

3

4

5

6

7

8

9

10

11

12

13

14

15

16

17

18

19

20

21

22

23

24

25

26

27

28

29

30

31

32

33

34

35

33

2

3

4

5

6

7

8

9

10

11

12

13

14

15

16

17

18

19

20

21

22

23

34

2

3

4

5

6

7

8

9

10

11

12

13

14

15

16

17

18

19

20

21

22

23

24

25

26

27

28

29

30

31

32

33

34

35

35

2

3

4

5

6

7

8

9

10

11

12

13

14

15

16

17

18

19

20

21

22

23

24

25

26

27

28

29

30

31

32

33

34

35

36

2

3

4

5

6

7

8

9

10

11

12

13

14

15

16

17

18

19

20

21

22

23

24

25

26

27

28

29

30

31

32

33

34

35

36

37

38

37

2

3

4

5

6

7

8

9

10

11

12

13

14

15

16

17

18

19

20

21

22

23

24

25

26

27

28

29

38

2

3

4

5

6

7

8

9

10

11

12

13

14

15

16

17

18

19

20

21

22

23

24

25

26

27

28

29

30

31

39

2

3

4

5

6

7

8

9

10

11

12

13

14

15

16

17

18

19

20

21

22

23

24

25

26

27

28

29

30

31

32

33

34

35

36

37

38

39

40

41

42

43

40

2

3

4

5

6

7

8

9

10

11

12

13

14

15

16

17

18

19

20

21

22

23

24

25

26

27

28

29

30

31

32

33

34

35

36

37

38

레위기

제목

레위기의 히브리 명칭도 그 첫 단어를 딴 (히)'와이크라'이다. 이 말은 "그리고 그(여호와)가 부르셨다"는 뜻이다. 그런데 이 책을 '레위기'라고 부르게 된 것은 칠십인역의 영향 때문이다. 칠십인역의 영향을 받은 벌게이트(불가타) 역은 '레비티쿠스'라는 명칭을 사용하였으며, 그 뒤의 많은 역본들이 이 명칭을 따랐기에 오늘날 이 책을 '레위기'라고 부른다. 레위기는 제사법에 관한 책일 뿐만 아니라 구약의 언약 백성들이 하나님 앞에 나아가는 방법(거룩, 성결, 구속)을 가르쳐 주는 책이다.

저자와 저작 연대

레위기에는 "여호와께서 모세에게 말씀하여 이르시되"라는 말이 여러 번 반복된다. 또한 에스라서에도 "제사장을 그 분반대로, 레위 사람을 그 순차대로 세워 예루살렘에서 하나님을 섬기게 하되 모세의 책에 기록된 대로 하게 하니라"(스 6:18)고 기록되어 있다. 여기에서 '모세의 책'은 바로 레위기를 가리킨다. 레위기가 기록된 연대는 B.C. 1450-1400년 사이로 본다.

기록 장소와 대상

일반적으로 보수주의 신학자들은 모세가 시내 산에 머무는 동안 이 계시를 받았다고 생각한다. 레위기는 이스라엘 백성을 대상으로 기록되었다.

핵심어 및 내용

레위기의 핵심어는 "성별", "거룩" 등이다. 레위인들 가운데에서 특별히 제사장들은 온전한 예배를 위하여 구별되었고, 모든 백성들에게 거룩한 삶의 본보기를 보여주기 위하여 성별되었다.

중심 사상

1. 하나님의 임재

하나님께서는 항상 이스라엘 백성들에게 실제적인 방법으로 나타나셨다. 레위기 전체를 살펴보면, 하나님께서 부단히 이스라엘 백성들과 함께 거하신다는 기본적인 사상이 흐르고 있다. 먼저, 하나님께서는 제사 드릴 때에 함께 계셨다. 성막은 하나님께서 거하시는 처소였다. 성막 안에서 제사를 드린 이유가 바로 이 때문이었다. 성막에는 성막뜰과 회막이 있었다. 회막은 두 개의 방으로 나뉘어 있었는데, 안쪽 방은 지성소라고 불렀으며, 바깥뜰 방은 성소라고 불렀다. 지성소 안에는 법궤가 놓여 있었다. 법궤의

주요 사건 연대

B.C.

모세의 출생
(출 2:2)
B.C. 1527

출애굽
(출 12:35-51)
B.C. 1446

시내산 도착과 십계명 수여
(출 19:1-24:18)
B.C. 1446

성막 건축
(출 35:1-40:38)
B.C. 1445

아론의 제사장 위임식
(8:1-36)
B.C. 1445

레위기의 율법과 규례 계시
B.C. 1445

시내산 출발
(민 10:12)
B.C. 1445

아론의 죽음
(민 20:28)
B.C. 1406

윗부분은 속죄소라 불렸으며, 바로 이곳이 하나님께서 은혜를 베푸시는 장소인 시은좌(施恩座)였다. 하나님께서 바로 이 성소에서 모세를 불러 명령하신 그 말씀을 기록한 책이 레위기이다(1:1). 그러나 하나님께서는 성소 안에만 계신 것이 아니다. 모든 시간과 공간 안에 계신다. 심지어 평범한 일상생활 속에서도 하나님은 나타나신다.

레위기는 이스라엘 백성들이 하나님의 지배와 관심 밖으로 벗어날 수 없다는 것을 강조하고 있다. 예를 들면, 사람들의 눈을 피하여 지은 범죄는 하나님께서 직접 처벌하셨다. 사람의 모든 생활이 하나님 앞을 떠나서 이루어질 수는 결코 없다. '나는 너희 하나님 여호와니라'는 말씀이 반복되는 이유는, 그들의 모든 일이 하나님 앞에서 되어진다는 것을 일깨워 주기 위해서였다. 이스라엘의 종교 의식(21-24장), 성도덕(18,20장), 이웃과의 관계(19,25장) 등이 그들을 애굽 땅에서 구원해 내신 하나님의 관심이셨다. 레위기는 영원히 자기 백성 가운데 거하시는 하나님의 임재와 특별한 경우에 영광의 광채로 보여주시는 하나님의 임재를 구분하고 있다. 곧 하나님께서 항상 이스라엘을 지켜 주시는 것과 특별히 지성소의 법궤 위에 계시는 것을 구별한다. 이것은 신약 시대에 온 세상을 주관하시는 하나님이시면서 또한 각각의 그리스도인들의 마음 속에 거하시는 하나님이심을 미리 설명해 주고 있는 것이다. 그리스도인들은 성령님이 거하시는 전(殿)이다(고전 6:19-20). 레위기에 임재하신 하나님께서 바로 오늘날 그리스도인들 안에 거하신다.

2. 성결

'내가 거룩하니 너희도 거룩하라'는 말씀은 레위기 전체의 주제라고 할 수 있다. 레위기에서 가장 많이 쓰이는 단어는 '거룩, 정함, 부정함'이다. 성결의 근본 원리는 분리이다. 하나님께서는 이스라엘이 죄로 온통 물들어 있는 가나안 원주민들과 분리되기를 원하셨다. 성결에 대해서 레위기는 두 가지 관점을 제시한다. 한 가지는 하나님께서 하시는 사역이며, 또 한 가지는 사람이 할 수 있는 일이다. 첫째로 하나님께서 하시는 사역은 하나님께서 택한 자들만이 성결하게 된다는 것이다. 이것은 신약에서 하나님의 은혜로 구원받는다는 교리와 같은 의미이다. 레위기에서 하나님께서는 자신이 '이스라엘을 애굽에서 인도하여 낸 여호와'이심을 자주 강조하셨다. 곧 구원은 하나님께만 있다. 사람이 스스로 자신의 행위나 의지로 구원받을 수가 없다. 둘째로 사람이 해야 하는 부분은 율법대로 순종하는 일이다. 이것은 신약 시대의 성화(聖化)의 교리와 같은 의미이다. 일단 하나님께로부터 택함받은 이스라엘 백성들은 율법을 지킴으로써 성결하게 되어 간다. 이 부분에서 가장 중요한 것은 '순종'이다.

3. 희생제물

이스라엘 백성은 '제사장의 나라'요, '거룩한 백성'이었지만 역시 많은 죄를 범했다. 이러한 백성이 어떻게 하여 하나님 앞에 나아갈 수 있었을까? 죄인이 하나님께 가까이 나아갈 수 있도록 하기 위하여 하나님께서는 희생제물을 드리는 제사 제도를 만들어 주셨다. 모든 희생제물을 드리는 목적은 속죄와 봉헌을 하기 위해서였다. 여기서 희생제물은 상징적으로 이해되어야 한다. 곧 희생제물은 장차 오셔서 자신을 희생제물로 드림으로 우리의 모든 죄를 단번에 사하실 예수 그리스도를 상징하며, 그에 대하여 미리 보여주기 위한 예표였다. 흠이 없는 짐승을 고른 다음에, 드리는 사람이 짐승의 머리에 안수했다. 이것은 드리는 사람의 죄가 제물에게로 전가되는 것을 뜻했다. 그 다음에는 드리는 사람이 손수 잡은 제물의 피를 제사장이 번제단 사면에 뿌렸다. "…이 피를 너희에게 주어 제단에 뿌려 너희의 생명을 위하여 속죄하게 하였나니 생명이 피에 있으므로 피가 죄를 속하느니라"(17:11). 제물의 피가 제단에 뿌려질 때 이로 말미암아 죄가 소멸되고 용서받게 되었다. 따라서 이 용서는 하나님으로 말미암은 것이지 사람으로 말미암은 것이 아니다. 그러나 그리스도의 죽으심과 레위기의 희생제물과는 뚜렷한 차이가 있다. 그리스도의 죽으심은 다시 반복하실 필요가 없는 죽음이었다. 또 그 효력의 범위가 '온 세상'을 포괄한다(요일 1:1-2; 히 9:26).

내용 분해

1. 거룩하신 하나님께 나아가는 방법 (1:1-16:34)
2. 사람이 하나님과 교제하는 방법 (17:1-25:55)
3. 율법에 대한 적용 (26:1-27:34)

레위기 Leviticus

1

2

3

4

5

6

7

8

9

10

11

12

13

14

15

16

17

2

2

3

4

5

6

7

8

9

10

11

12

13

14

15

16

3

2

3

4

5

6

7

8

9

10

11

12

13

14

15

16

17

4

2

3

4

5

6

7

8

9

10

11

12

13

14

15

16

17

18

19

20

21

22

23

24

25

26

27

28

29

30

31

32

33

34

35

5

2

3

4

5

6

7

8

9

10

11

12

13

14

15

16

17

18

19

6

2

3

4

5

6

7

8

9

10

11

12

13

14

15

16

17

18

19

20

21

22

23

24

25

26

27

28

29

30

7

2

3

4

5

6

7

8

9

10

11

12

13

14

15

16

17

18

19

20

21

22

23

24

25

26

27

28

29

30

31

32

33

34

35

36

37

38

8

2

3

4

5

6
7
8
9
10
11
12
13
14
15
16
17
18
19
20
21

22

23

24

25

26

27

28

29

30

31

32

33

34

35

36

9

2

3

4

5

6

7

8

9

10

11

12

13

14

15

16

17

18

19

20

21

22

23

24

10

2

3

4

5

6

7

8

9

10

11

12

13

14

15

16

17

18

19

20

11

2

3

4

5

6

7

8

9

10

11

12

13

14

15

16

17

18

19

20

21

22

23

24

25

26

27

28

29

30

31

32

33

34

35

36

37

38

39

40

41

42

43

44

45

46

47

12

2

3

4

5

6

7

8

13

2

3

4

5
6
7
8
9
10
11
12
13
14
15
16
17
18
19
20
21

22

23

24

25

26

27

28

29

30

31

32

33

34

35

36

37

38

39

40

41

42

43

44

45

46

47

48

49

50

51

52

53

54

55

56

57

58

59

14

2

3

4

5

6

7

8

9

10

11

12

13

14

15

16

17

18

19

20

21

22

23

24

25

26

27

28

29

30

31

32

33

34

35

36

37

38

39

40

41

42

43

44

45

46

47

48

49

50

51

52

53

54

55

56

57

15

2

3

4

5

6

7

8

9

10

11

12

13

14

15

16

17

18

19

20

21

22

23

24

25

26

27

28

29

30

31

32

33

16

2

3

4

5

6

7

8

9

10

11

12

13

14

15

16

17

18

19

20

21

22

23

24

25

26

27

28

29

30

31

32

33

34

17

2

3

4

5

6

7

8

9

10

11

12

13

14

15

16

18

2

3

4

5

6

7

8

9

10

11

12

13

14

15

16

17

18

19

20

21

22

23

24

25

26

27

28

29

30

19

2

3

4

5

6

7

8

9

10

11

12

13

14

15

16

17

18

19

20

21

22

23

24

25

26

27

28

29

30

31

32

33

34

35

36

37

20

2

3

4

5

6

7

8

9

10

11

12

13

14

15

16

17

18

19

20

21

22

23

24

25

26

27

21

2

3

4

5

6

7

8

9

10

11

12

13

14

15

16

17

18

19

20

21

22

23

24

22

2

3

4

5

6

7

8

9

10

11

12

13

14

15

16

17

18

19

20

21

22

23

24

25

26

27

28

29

30

31

32

33

23

2

3

4

5

6

7

8

9

10

11

12

13

14

15

16

17

18

19

20

21

22

23

24

25

26

27

28

29

30

31

32

33

34

35

36

37

38

39

40

41

42

43

44

24

2

3

4

5

6

7

8

9

10

11

12

13

14

15

16

17

18

19

20

21

22

23

25

2

3

4

5

6

7

8

9

10

11

12

13

14

15

16

17

18

19

20

21

22

23

24

25

26

27

28

29

30

31

32

33

34

35

36

37

38

39

40

41

42

43

44

45

46

47

48

49

50

51

52

53

54

55

26

2

3

4

5

6

7

8

9

10

11

12

13

14

15

16

17

18

19

20

21

22

23

24

25

26

27

28

29

30

31

32

33

34

35

36

37

38

39

40

41

42

43

44

45

46

27

2

3

4

5

6

7

8

9

10

11

12

13

14

15

16

17

18

19

20

21

22

23

24

25

26

27

28

29

30

31

32

33

34

민수기

제목

이 책의 히브리 명칭은 "광야에서"라는 뜻의 (히)'베미드바르'이다. 이 명칭은 민수기의 내용을 잘 나타내 준다. 왜냐하면 민수기는 이스라엘 백성이 시내산에서 모압 평지에 이르기까지 40년 동안 유랑한 사실을 기록하고 있기 때문이다. 또 두 차례의 인구 조사가 언급되어 있는데, 1-21장은 인구 조사에서 시작하여 광야 유랑 시기를 망라하고 있고, 26-36장은 새 세대의 인구 조사로 시작하여 약속의 땅 가나안에 들어가기 몇 달 전까지에 대해 이야기하고 있다.

저자와 저작 연대

저자는 모세이며, 저작 연대는 B.C. 1450-1400년 사이이다.

기록 장소와 대상

모세가 이스라엘 백성을 약속의 땅으로 인도하면서 시내산과 광야에서 기록하였다. 민수기는 이스라엘 백성을 대상으로 기록되었다.

기록 배경과 목적

이스라엘 백성은 가나안으로 들어갈 준비를 하고 광야 여정을 시작한다. 하지만 그들은 하나님께서 약속하신 것을 믿지 않고 반역과 불순종으로 일관한다. 이스라엘 백성의 반역은 가데스바네아에서 정탐꾼을 파송한 뒤에 극에 달하는데, 이로 인해 20세 이상의 모든 성인이 광야에서 죽게 된다. 따라서 민수기는 가나안에 들어갈 새 세대에게 이전 세대처럼 반역하지 말고, 하나님의 약속을 믿고 순종하라고 가르치기 위해 기록된 책이다.

핵심어 및 내용

민수기의 핵심어는 "방황", "인구 조사" 등이다. 민수기에서 강조된 내용은 출애굽 제1세대에게 인구 조사를 실시했던 때부터 출애굽 제2세대에게 인구 조사를 실시했던 때까지, 광야에서 계속되었던 이스라엘 백성의 방황이다.

신학

1. 하나님의 성품

(1) 임재하신 하나님 민수기에서는 이스라엘 백성이 광야를 방황하는 동안 하나님께서 그들 가운데 임재하고 계셨다고 여러 번 언급하고 있

주요 사건 연대

B.C.

- 제1차 인구 조사 (1:2) B.C. 1445
- 시내산 출발 (10:12) B.C. 1445
- 가나안 정탐과 보고 (13:1-33) B.C. 1445
- 40년 간의 광야 생활 B.C. 1445-1406
- 아론의 죽음 (20:28) B.C. 1406
- 제2차 인구 조사 (26:1-4) B.C. 1406
- 여호수아를 후계자로 임명 (27:12-23) B.C. 1406
- 미디안 정복과 요단 동편 땅의 분배 (31:1-32:42) B.C. 1406

다. 성막 위의 구름 기둥과 불 기둥은 성막이 하나님의 임재의 장소임을 나타냈다.

(2) 하나님의 거룩하심 구름은 하나님의 임재뿐 아니라 하나님의 심판도 나타낸다. 구름이 갑작스럽게 나타나는 것은 죄인들에게 무서운 징계가 있음을 알리는 것이었다(11:25-33; 12:5-10). 하나님의 심판은 모두 하나님의 거룩하심 때문에 임하게 된다.

(3) 하나님의 자비하심 제사장과 레위인이 성막에서 하나님을 섬기도록 하신 것은 하나님의 자비하심을 보여준다. 이것은 이스라엘 백성이 하나님께 섣불리 나아오다 오히려 하나님의 진노를 받게 되는 것을 막기 위한 것이었다(3, 4, 16-18장). 하나님께서는 여러 번 모세의 중보 기도, 또는 제사장의 속죄 행위를 받으시고 심판을 철회하셨다(11:2; 12:13). 이스라엘 백성이 애굽을 나온 것도 하나님의 자비 때문이었다. 하나님께서는 자신의 약속을 지키셨고, 이스라엘 백성은 이 사실을 체험했다.

2. 약속의 땅

민수기는 약속의 땅 가나안을 차지하게 될 것을 기대하면서 다음과 같은 세 가지 사실을 강조하고 있다.

(1) 가나안 땅은 하나님께서 이스라엘 백성에게 주셨다(32:7, 9).

(2) 가나안 땅은 거룩한 땅이 되어야만 했다(35:34).

(3) 가나안 땅은 하나님께서 이스라엘 백성에게 영원히 주신 것이다(36:9).

3. 하나님의 백성

민수기에는 하나님의 백성이 하나님을 닮아야만 한다는 성경적 원리가 가장 잘 나타나 있다. 이스라엘 백성은 개인적으로나 또는 전체로서 그들의 구속주, 하나님의 성품을 나타내야만 한다. 하나님께서 한 분이시므로 이스라엘도 한 민족이 되어야만 한다(32장). 또한 하나님께서 거룩하시기 때문에 이스라엘도 거룩해야만 한다(레 11:45).

■ 특징

본서의 첫 번째 특징은 하나님의 선하신 성품과 그것에 반대되는 인간의 뿌리 깊은 죄가 대조적으로 잘 나타난다는 점이다. 하나님께서는 노예가 된 이스라엘 백성을 하나님의 백성으로 선택하셨다. 또한 자신의 영광스러운 나타남을 보여주셨고, 만나와 메추라기로 그들을 먹이셨으며, 가나안 땅까지 약속해 주셨다. 하지만 이스라엘 백성은 끊임없이 하나님을 반역한다. 그럼에도 하나님께서는 오래 참으심으로 끝까지 그들을 포기하지 않으시고 변화시키셔서 가나안에 들어가게 하신다. 이러한 대조는 인간의 구원이 철저히 하나님의 은혜로만 가능함을 보여준다.

둘째, 중보자이며 대속자이신 예수 그리스도의 필요성이 잘 드러난다. 불순종하여 멸망할 수밖에 없던 이스라엘 백성은 모세의 중보를 통해 죽음과 심판에서 건짐을 받는다. 또한 이스라엘 백성의 끊임없는 죄악은 계속되는 속죄의 필요성을 강조하여 보여준다. 이것은 죄인인 우리에게 중보자시며 대속자이신 예수님이 반드시 필요함을 보여주는 것이다.

셋째, 하나님 나라의 질서의 아름다움을 보여준다. 현대 독자에게는 마치 불필요한 반복처럼 보이는 내용들도 사실 하나님 나라의 질서를 보여주기 위한 도구들이다. 진의 배치, 행군의 순서, 회막 봉사의 규례, 헌물의 내용들은 하나님 나라가 얼마나 짜임새 있고 질서 있는지를 보여준다. 죄는 창조의 질서를 파괴하여 무질서와 혼돈을 가져왔지만, 하나님은 하나님의 백성 가운데 질서를 만드시고, 가치 있는 것들로 채워 나가신다.

■ 내용 분해

1. 시내산에서-약속의 땅을 향하여 출발하기 위한 준비
(1:1-10:10)

2. 시내산에서 가데스까지
(10:11-12:16)

3. 가데스에서-백성의 반역으로 인한 가나안 입성 지연
(13:1-20:13)

4. 가데스에서 모압 평지까지
(20:14-22:1)

5. 모압 평지에서-약속의 땅을 취할 것을 기대하면서
(22:2-36:13)

1

2

3

4

5

6

7

8

9

10

11

12

13

14

15

16

17

18

19

20

21

22

23

24

25

26

27

28

29

30

31

32

33

34

35

36

37

38

39

40

41

42

43

44

45

46

47

48

49

50

51

52

53

54

2

2

3

4

5

6

7

8

9

10

11

12

13

14

15

16

17

18

19

20

21

22

23

24

25

26

27

28

29

30

31

32

33

34

3

2

3

4

5

6

7

8

9

10

11

12

13

14

15

16

17

18

19

20

21

22

23

24

25

26

27

28

29

30

31

32

33

34

35

36

37

38

39

40

41

42

43

44

45

46

47

48

49

50

51

4

2

3

4

5

6

7

8

9

10

11

12

13

14

15

16

17

18

19

20

21

22

23

24

25

26

27

28

29

30

31

32

33

34

35

36

37

38

39

40

41

42

43

44

45

46

47

48

49

5

2

3

4

5

6

7

8

9

10

11

12

13

14

15

16

17

18

19

20

21

22

23

24

25

26

27

28

29

30

31

6

2

3

4

5

6

7

8

9

10

11

12

13

14

15

16

17

18

19

20

21

22

23

24

25

26

27

7

2

3

4

5

6

7

8

9

10

11

12

13

14

15

16
17

18

19

20

21

22
23

24

25

26

27

28
29

30

31

32

33

34

35

36

37

38

39

40

41

42

43

44

45

46

47

48

49

50

51

52

53

54

55

56

57

58

59

60

61

62

63

64

65

66

67

68

69

70

71

72

73

74

75

76

77

78

79

80

81

82

83

84

85

86

87

88

89

8

2

3

4

5

6

7

8

9

10

11

12

13

14

15

16

17

18

19

20

21

22

23

24

25

26

9

2

3

4

5

6

7

8

9

10

민수기 9장 11절~9장 22절

11

12

13

14

15

16

17

18

19

20

21

22

23

10

2

3

4

5

6

7

8

9

10

11

12

13

14

15

16

17

18

19

20

21

22

23

24

25

26

27

28

29

30

31

32

33

34

35

36

11

2

3

4

5

6

7

8

9

10

11

12

13

14

15

16

17

18

19

20

21

22

23

24

25

26

27

28

29

30

31

32

33

34

35

12

2

3

4

5

6

7

8

9

10

11

12

13

14

15

16

13

2

3

4

5

6

7

8

9

10

11

12

13

14

15

16

17

18

19

20

21

22

23

24

25

26

27

28

29

30

31

32

33

14

2

3

4

5

6

7

8

9

10

11

12

13

14

15

16

17

18

19

20

21

22

23

24

25

26

27

28

29

30

31

32

33

34

35

36

37

38

39

40

41

42

43

44

45

15

2

3

4

5

6

7

8

9

10

11

12

13

14

15

16

17

18

19

20

21

22

23

24

25

26

27

28

29

30

31

32

33

34

35

36

37

38

39

40

41

16

2

3

4

5

6

7

8

9

10

11

12

13

14

15

16

17

18

19

20

21

22

23

24

25

26

27

28

29

30

31

32

33

34

35

36

37

38

39

40

41

42

43

44

45

46

47

48

49

50

17

2

3

4

5

6

7

8

9

10

11

12

13

18

2

3

4

5

6

7

8

9

10

11

12

13

14

15

16

17

18

19

20

21

22

23

24

25

26

27

28

29

30

31

32

19

2

3

4

5

6

7

8

9

10

11

12

13

14

15

16

17

18

19

20

21

22

20

2

3

4

5

6

7

8

9

10

11

12

13

14

15

16

17

18

19

20

21

22

23

24

25

26

27

28

29

21

2

3

4

5

6

7

8

9

10

11

12

13

14

15

16

17

18

19

20

21

22

23

24

25

26

27

28

29

30

31

32

33

34

35

22

2

3

4

5

6

7

8

9

10

11

12

13

14

15

16

17

18

19

20

21

22

23

24

25

26

27

28

29

30

31

32

33

34

35

36

37

38

39

40

41

23

2

3

4

5

6

7

8

9

10

11

12

13

14

15

16

17

18

19

20

21

22

23

24

25

26

27

28

29

30

24

2

3

4

5

6

7

8

9

10

11

12

13

14

15

16

17

18

19

20

21

22

23

24

25

25

2

3

4

5

6

7

8

9

10

11

12

13

14

15

16

17

18

26

2

3

4

5

6

7

8

9

10

11

12

13

14

15

16

17

18

19

20

21

22

23

24

25

26

27

28

29

30

31

32

33

34

35

36

37

38

39

40

41

42

43

44

45

46

47

48

49

50

51

52

53

54

55

56

57

58

59

60

61

62

63

64

65

27

2

3

4

5

6

7

8

9

10

11

12

13

14

15

16

17

18

19

20

21

22

23

28

2

3

4

5

6

7

8

9

10

11

12

13

14

15

16

17

18

19

20

21

22

23

24

25

26

27

28

29

30

31

29

2

3

4

5

6

7

8

9

10

11

12

13

14

15

16

17

18

19

20

21

22

23

24

25

26

27

28

29

30

31

32

33

34

35

36

37

38

39

40

30

2

3

4

5

6

7

8

9

10

11

12

13

14

15

16

31

2

3

4

5

6

7

8

9

10

11

12

13

14

15

16

17

18

19

20

21

22

23

24

25

26

27

28

29

30

31

32

33

34

35

36

37

38

39

40

41

42

43

44

45

46

47

48

49

50

51

52

53

54

32

2

3

4

5

6

7

8

9

10

11

12

13

14

15

16

17

18

19

20

21

22

23

24

25

26

27

28

29

30

31

32

33

34

35

36

37

38

39

40

41

42

33

2

3

4

5

6

7

8

9

10

11

12

13

14

15

16

17

18

19

20

21

22

23

24

25

26
27
28
29

30

31

32

33

34

35

36

37

38

39

40

41

42
43
44

45
46

47

48

49

50

51

52

53

54

55

56

34

2

3

4

5

6

7

8

9

10

11

12

13

14

15

16

17

18

19

20

21

22

23

24

25

26

27

28

29

35

2

3

4

5

6

7

8

9

10

11

12

13

14

15

16

17

18

19

20

21

22

23

24

25

26

27

28

29

30

31

32

33

34

36

2

3

4

5

6

7

8

9

10

11

12

13

신명기

제목

이 책의 히브리어 명칭은 '엘레 하데바림'(이는…말씀이니라)이다. 이 명칭은 히브리어 성경 1장 1절의 첫 두 단어를 따라서 붙인 것인데, 이것은 성경 맨 처음에 나오는 단어를 책의 명칭으로 삼는 유대인들의 관례에서 기인된 것이다. 칠십인역은 17장 18절에 의거하여 '듀테로노미온'(제2의 율법)이라 불렀다. 한글 성경은 '신명기'라 부르는데 "하나님의 계명을 더욱 자세히 설명해 주는 책"이란 뜻이다.

저자와 저작 연대

저자는 모세이며(아마도 여호수아가 34장에 언급된 모세의 죽음을 기록하였을 것이다), 저작 연대는 B.C. 1410–1395년 사이이다.

기록 장소와 대상

모압 땅에 위치한 요단강 근처의 평원에서 기록하였다. 신명기는 가나안 땅에 들어가게 될 새로운 세대의 이스라엘 백성을 위해 기록되었다.

기록 배경과 목적

신명기는 모세오경의 마지막 책이다. 이스라엘 백성이 가나안 입성을 앞둔 시점에서 모세는 유언과 같은 세 편의 설교를 하였다. 이 설교를 듣는 이스라엘 백성은 20세 미만의 자녀 세대로 애굽 탈출 사건을 경험하지 못하였다. 또한 모세 자신도 가나안 땅에 들어가지 못하기에 모세는 과거에 베푸신 하나님의 구원의 은혜에 대해 신신당부한 것이다. 본서는 하나님께서 이스라엘의 하나님이시고, 이스라엘은 하나님의 백성이라는 사실을 강조한다. 즉, 본서에는 창조의 주인이신 하나님과 사랑의 언약을 맺은 이스라엘이 하나님을 경외하고 사랑함으로 순종해야 함을 자자손손 전하고 싶은 모세의 마음이 담겨 있다.

역사적 배경

신명기에 기록된 사건들은 모세 말기, 곧 이스라엘이 약속의 땅에 들어가기 바로 직전에 일어난 것들이다. 신명기의 역사적 배경은 모세의 설교 초반부(1–4장)에 묘사된다. 그는 현재의 중요성을 강조하기 위해 과거의 사건을 끌어들인다. 왜냐하면 과거 역사를 비추어 봄으로써 현재 어떤 자세를 취해야 할 것인가를 결정할 수 있기 때문이다. 곧 과거의 역사가 하나님의 계획과 약속 안에서 미래의 목표를 인도했기 때문이다. 그러나 그 미래의 목표는 하나님께 대한 이스라엘 사람들의 순종과 맡김에 있었다.

주요 사건 연대

B.C.

- 모세의 출생 (출 2:2) B.C. 1526
- 출애굽 (출 12:37–51) B.C. 1446
- 시내산 (호렙산) 도착 (1:6–18) B.C. 1446
- 시내산 출발 (1:19) B.C. 1445
- 40년 간의 광야 생활 (1:19) B.C. 1445–1406
- 모압 평지에 도착 (3:29) B.C. 1406
- 여호수아를 후계자로 임명 (3:28; 31:1–8) B.C. 1406
- 모세의 고별 설교 (31:1–33:29) B.C. 1406
- 모세의 죽음 (34:1–12) B.C. 1406

이리하여 신명기는 이스라엘인들의 과거 역사의 맥락에서 그리고 미래의 역사를 전망하는 입장에서 이해되어야 한다. 이 책의 직접적인 배경으로서 가장 의의 있는 사건은 출애굽이며, 이 사건에 이어 시내산에서 언약을 체결한다.

시내산 사건 이후, 이스라엘 민족은 팔레스타인 남부 광야 지대를 지나 사해 동편과 큰 계곡을 따라 북상하기 시작했다. 여기서 그들은 비교적 작은 많은 소국가와 대결하기 시작했고, 그들이 바라보는 약속의 땅은 요단강 저편에 놓여 있었다. 이와 같이 신명기에 기록된 사건들은 요단강을 건너기 바로 직전에 일어났던 것들이다.

핵심어 및 내용

신명기의 핵심어는 "기억하라", "언약", "순종" 등이다. 모세는 신명기를 통하여, 억압의 상태에서 그들을 구원해 주시고 광야에서 지켜 주신 하나님과 족장들이 맺었던 그 언약을 잊지 말고 지키라고 이스라엘 백성에게 계속해서 권면한다. 이처럼 구원받을 만한 아무런 자격도 없는 이스라엘을 구원하신 하나님께 그들이 할 수 있는 최선의 보답은, 주저함 없이 하나님의 말씀에 순종하는 것이다.

주요 내용

우리는 출애굽기, 레위기, 민수기를 통해 하나님께서 창조주이시며, 언약을 베푸시는 하나님이심을 발견할 수 있다. 이에 신명기는 과거 이스라엘에 언약을 베풀고 구원하신 하나님께서 신실하게 약속을 지키시고 그 백성을 돌보셨음을 재확인하는 책이다. 본서에서 모세는 가나안 땅을 바라보면서 약속의 땅에 들어갈 새로운 세대가 하나님을 경외하고 말씀에 순종하는 백성이 되기를 촉구한다. 즉, 본서는 과거 광야에서 불순종하여 약속의 땅에 들어가지 못한 부모 세대와는 달리 가나안 땅에 들어갈 새로운 세대는 믿음의 세대, 순종의 세대로 살아갈 것을 기대한 모세의 고별 설교다.

첫째, 본서는 이스라엘 백성을 향하신 하나님의 마음이 담겨 있는 책이다. 하나님께서는 자신이 그들을 사랑하는 마음을 이해하고 그들도 하나님을 경외하고 사랑하기를 바라신 것이다. 그래서 본서에서 반복되는 명령은 '하나님을 사랑하라'는 것이다(6:4-9). 마음을 다하고 뜻과 힘을 다하여 하나님을 사랑하는 것이 성도의 본분임을 재차 나타내고 있다. 그렇게 하나님을 사랑하는 방법은 말씀을 마음에 새기고 배우는 것이다. 나아가 자신뿐 아니라 자녀에게 하나님의 말씀을 부지런히 가르치는 것이다.

둘째, 본서에는 하나님의 축복이 임하는 삶과 저주가 임하는 삶의 기준이 제시된다. 하나님을 사랑하여 말씀에 순종하는 사람에게 축복이 임한다. 반대로 말씀을 거역하여 불순종하는 사람에게는 저주가 임한다. 그러나 하나님을 사랑함 없이 율법만을 준수하고자 할 때 신앙은 형식화되고 율법은 지키기 힘든 무거운 짐이 된다. 그러기에 신명기 말씀은 하나님을 향한 진실한 사랑으로 읽어갈 수 있는 책이다.

셋째, 본서에 나타난 많은 율법과 규례는 하나님의 백성이 살아가는 데 삶의 기준을 제시한다. 본서는 하나님의 백성이 드리는 제사, 인간관계, 사회생활, 정치·경제생활 등 성도의 삶의 전 영역에 대한 기본 정신을 다루고 있는데, 이것은 바로 공의와 사랑이다. 즉, 하나님의 대표적인 성품인 공의와 사랑을 실천하는 것이 하나님의 백성의 삶임을 가르친다. 이스라엘 백성은 매일 신명기 말씀을 읽고 묵상하는 가운데 하나님을 향한 자신의 마음을 점검하고 삶의 모습을 점검해야 했다. 또한 오늘날에도 신명기 말씀은 그리스도인에게 하나님의 성품을 경험하게 하고 하나님을 사랑하는 지침이 되는 책이다. 본서를 읽고 묵상하는 하나님의 백성은 하나님을 나의 하나님으로 고백할 때 삶의 전 영역에 임하는 축복을 경험할 수 있다.

내용 분해

1. 머리말 (1:1-5)
2. 역사적인 서언:모세의 첫 번째 설교 (1:6-4:43)
3. 율법:모세의 두 번째 설교 (4:44-26:19)
4. 축복과 저주:모세의 세 번째 설교 (27:1-30:20)
5. 언약의 연속성 (31:1-34:12)

1

2

3

4

5

6

7

8

9

10

11

12

13

14

15

16

17

18

19

20

21

22

23

24

25

26

27

28

29

30

31

32

33

34

35

36

37

38

39

40

41

42

43

44

45

46

2

2

3

4

5

6

7

8

9

10

11

12

13

14

15

16

17

18

19

20

21

22

23

24

25

26

27

28

29

30

31

32

33

34

35

36

37

3

2

3

4

5

6

7

8

9

10

11

12

13

14

15

16

17

18

19

20

21

22

23

24

25

26

27

28

29

4

2

3

4

5

6

7

8

9

10

11

12

13

14

15

16

17

18

19

20

21

22

23

24

25

26

27

28

29

30

31

32

33

34

35

36

37

38

39

40

41

42

43

44

45

46

47

48

49

5

2

3

4

5

6

7

8

9

10

11

12

13

14

15

16

17

18

19

20

21

22

23

24

25

26

27

28

29

30

31

32

33

6

2

3

4

5

6

7

8

9

10

11

12

13

14

15

16

17

18-19

20

21

22

23

24

25

7

2

3

4

5

6

7

8

9

10

11

12

13

14

15

16

17

18

19

20

21

22

23

24

25

26

8

2

3

4

5

6

7

8

9

10

11

12

13

14

15

16

17

18

19

20

9

2

3

4

5

6

7

8

9

10

11

12

13

14

15

16

17

18

19

20

21

22

23

24

25

26

27

28

29

10

2

3

4

5

6

7

8

9

10

11

12

13

14

15

16

17

18

19

20

21

22

11

2

3

4

5

6

7

8

9

10

11

12

13

14

15

16

17

18

19

20

21

22

23

24

25

26

27

28

29

30

31

32

12

2

3

4

5

6

7

8

9

10

11

12

13

14

15

16

17

18

19

20

21

22

23

24

25

26

27

28

29

30

31

32

13

2

3

4

5

6

7

8

9

10

11

12

13

14

15

16

17

18

14

2

3

4

5

6

7

8

9

10
11
12
13
14
15
16
17
18
19
20
21
22
23
24
25
26
27

28

29

15

2

3

4-5

6

7

8

9

10

11

12

13

14

15

16

17

18

19

20

21

22

23

16

2

3

4

5

6

7

8

9

10

11

12

13

14

15

16

17

18

19

20

21

22

17

2

3

4

5

6

7

8

9

10

11

12

13

14

15

16

17

18

19

20

18

2

3

4

5

6

7

8

9

10

11

12

13

14

15

16

17

18

19

20

21

22

19

2

3

4

5

6

7

8

9

10

11

12

13

14

15

16

17

18

19

20

21

20

2

3

4

5

6

7

8

9

10

11

12

13

14

15

16

17

18

19

20

21

2

3

4

5

6

7

8

9

10

11

12

13

14

15

16

17

18

19

20

21

22

23

22

2

3

4

5

6

7

8

9

10

11

12

13

14

15

16

17

18

19

20

21

22

23

24

25

26

27

28

29

30

23

2

3

4

5

6

7

8

9

10

11

12

13

14

15

16

17

18

19

20

21

22

23

24

25

24

2
3
4
5
6
7
8
9
10
11
12
13
14

15

16

17

18

19

20

21

22

25

2

3

4

5

6

7

8

9

10

11

12

13

14

15

16

17

18

19

26

2

3

4

5

6

7

8

9

10

11

12

13

14

15

16

17

18

19

27

2

3

4

5

6

7

8

9

10

11

12

13

14

15

16

17

18

19

20

21

22

23

24

25

26

28

2

3

4

5

6

7

8

9

10

11

12

13

14

15

16

17

18

19

20

21

22

23

24

25

26

27

28

29

30

31

32

33

34

35

36

37

38

39

40

41

42

43

44

45

46

47

48

49

50

51

52

53

54

55

56

57

58

59

60

61

62

63

64

65

66

67

68

29

2

3

4

5

6

7

8

9

10

11

12

13

14

15

16

17

18

19

20

21

22

23

24

25

26

27

28

29

30

2

3

4

5

6

7

8

9-10

11

12

13

14

15

16

17

18

19

20

31

2

3

4

5

6

7

8

9

10

11

12

13

14

15

16

17

18

19

20

21

22

23

24

25

26

27

28

29

30

32

2

3

4

5

6

7

8

9

10

11

12

13

14

15

16

17

18

19

20

21

22

23

24

25

26

27

28

29

30

31

32

33

34

35

36

37

38

39

40

41

42

43

44

45

46

47

48

49

50

51

52

33

2

3

4

5

6

7

8

9

10

11

12

13

14

15

16

17

18

19

20

21

22

23

24

25

26

27

28

29

34

2

3

4

5

6

7

8

9

10

11

12

여호수아

제목

구약 정경 중 두 번째 부분인 전(前) 선지서의 첫 번째 책이다. 이 책의 중심 인물인 여호수아의 이름을 따라 '여호수아'라 명명하였다.

저자와 저작 연대

여호수아가 저술상의 통일성을 가지고 저술하였지만, 이 책 전체를 저술했다고 볼 수는 없다. 왜냐하면 여호수아가 죽고 난 후에 발생한 일들이 기록되어 있기 때문이다. 여호수아서에서 베니게 사람들이 시돈 사람(13:4-6)이라고 불려지고 있는 것으로 보아, 이 책은 다윗 시대(B.C. 12세기) 이전에 두로가 시돈을 지배하던 시기에 기록된 책임이 분명하다. 여호수아 시대에는 블레셋 사람들이 이스라엘에게 위협적인 존재가 아니었다. 그러므로 이 책은 블레셋 사람들이 빈번히 침략했을 때 이후의 책이다. 대부분의 학자들은 이 책이 옷니엘이 사사로 활약했던 시대에 완성되었다고 생각한다(B.C. 1370-1330년).

기록 장소와 대상

정복 전쟁 이전에 요단강 동편과 정복 전쟁이 시작된 이후에 요단강 서편 가나안 땅에서 기록되었다. 여호수아서는 이스라엘 백성을 대상으로 기록되었다.

역사적 배경

여호수아가 이스라엘 백성을 가나안 땅으로 인도한 시기는 청동기 후기 시대(B.C. 1550-1200년)인 B.C. 1406년경이었다. 그는 B.C. 1400년경에 열두 지파에게 땅을 분배하고, B.C. 1390년 이후까지 생존했다. 그러나 이스라엘 백성이 가나안 땅에 들어간 시기를 B.C. 1300년 직후로 보는 자도 있다. 이들은 왕상 6장 1절의 480년을 대략 12세대로 생각하기 때문이다.

이스라엘이 가나안 땅을 정복할 당시, 바로 아멘호테프 3세(B.C. 1410-1372년)는 아시아 지역에 대한 지배권을 상실했다. 대부분의 팔레스타인과 수리아 지방의 소왕국들은 애굽을 반역하거나 조공을 바치는 것을 그만두었다. 여호수아서에 애굽에 대한 언급이 없는 이유는 아마도 애굽이 아멘호테프 3세 때부터 이스라엘 백성이 가나안에 진군한 이후의 세리 2세 때까지 무력한 외교 정책을 수립하여 왔기 때문일 것이다.

여호수아와 사사들의 시대에, 가나안 족속들의 종교 의식은 매우 음란하고 잔인하였다. 이 같은 의식들은 롸스 삼라(우가리트 문서) 서판들과 벧산과 므깃도에서 발굴된 여러 문서에 잘 나타나 있다. 가나안 족속들이

주요 사건 연대

B.C.

여호수아를 후계자로 임명 (신 3:28; 31:1-8) B.C. 1406

요단강 도하 (4:1) B.C. 1405

여리고 정복 (6:1-21) B.C. 1405

가나안 동맹군 격파 (10:1-27) B.C. 1405

가나안 정복 완료 및 땅의 분배 (11:23-21:45) B.C. 1400

세겜에서의 언약 갱신 (24:1-28) B.C. 1390

여호수아의 죽음 (24:29) B.C. 1390

섬기던 신들의 부도덕한 성격으로 말미암아 고대 근동 지방의 문화는 도덕적으로 타락하였다.

핵심어 및 내용

여호수아서의 핵심어는 "선택하라", "섬기라"이다. 여호수아는 그의 설교를 통해 이 두 가지를 다 강조하였다. "너희가 섬길 자를 오늘 택하라 오직 나와 내 집은 여호와를 섬기겠노라"(24:15).

주요 내용 및 주제

여호수아서는 이스라엘이 약속의 땅 가나안을 정복하고, 이곳에 정착하게 되는 과정을 기록하고 있다. 그런 점에서 볼 때, 본서는 하나님께서 아브라함과 이삭과 야곱에게 주셨던 언약이 실제로 어떻게 이루어지는가를 보여주고 있다. 하나님께서 특별히 아브라함에게 주셨던 언약은 크게 세 가지로 나눌 수 있다(창 12:1-2; 13:14-17; 15:7). 첫째, 아브라함과 그의 자손에게 약속의 땅을 기업으로 주겠다. 둘째, 그로 하여금 큰 민족을 이루게 하겠다. 셋째, 그로 말미암아 땅의 모든 족속이 복을 얻게 될 것이다. 여호수아서는 실제로 이스라엘이 어떻게 약속의 땅을 차지하고(첫 번째 언약의 성취), 땅을 분배하여 그곳에 정착하는 지를(두 번째 언약의 성취) 보여준다. 그리고 앞의 두 언약보다는 덜 강조되었지만, 기생 라합과 그 가족 그리고 기브온 백성이 구원을 얻은 것을 통해, 이스라엘로 인해 땅의 모든 족속이 복을 얻게 되는 과정(세 번째 언약의 성취)도 찾아볼 수 있다. 또한 이와 관련해 본서 전체에서 여호수아가 제2의 모세로 그려지고 있다는 사실에 주목할 필요가 있다. 그는 모세와 마찬가지로 '여호와의 종'(1:1; 24:29)으로 소개되었으며, 실제로 그의 사역의 여러 부분들이 모세와의 연관 속에서, 혹은 모세를 생각나게 하는 방법으로 기록되어 있다(1:7, 16-18; 3:7; 4:14).

이러한 관점에서 볼 때, 여호수아서의 주제는 '자신의 언약을 향한 하나님의 신실하심'이라고 할 수 있다. 따라서 본서에 기록된 이스라엘의 모든 전쟁과 승리는 하나님의 전쟁과 승리라는 관점에서 이해되어야 한다. 이러한 주제는 "여호와께서 이스라엘 족속에게 말씀하신 선한 말씀이 하나도 남음이 없이 다 응하였더라"(21:45)는 말씀 속에 잘 집약되어 있다.

마지막으로 신약의 관점에서 볼 때, 여호수아서는 또 하나의 중요한 의미를 가진다. 그것은 여호수아 시대를 통해 이루어진 하나님의 언약이 결국 예수 그리스도 안에서 그 온전한 성취를 경험하기 때문이다(눅 24:44; 히 4:8-11). 이러한 관점에서, 이스라엘이 약속의 땅에 들어가 그곳을 정복하고 차지하게 되는 이야기는, 하나님의 백성이 그리스도 안에서 누리는 삶을 미리 보여주는 것이라 할 수 있다.

구성상의 통일성

여호수아서는 여호수아 개인의 활동과 연대기적 사건 진술에 강조점이 있는 것은 아니다. 하나님의 뜻을 계시하는 책인 만큼, 하나님의 활동과 의도에 강조점이 있다. 그러므로 이 책을 자세히 관찰하면 구성상의 통일성을 발견할 수 있다. (1) 1장과 24장은 하나님의 명령을 지킬 것을 권고한다. 이 권고는 선지자적인 표현 형태로 쓰여 있다. (2) 이 책의 끝부분은 족장에게 약속하신 언약의 성취로 요셉의 죽음을 다루고 있다. 언약의 성취는 이 책 전체에서 강조되고 있는 주제이다. (3) 사건들 사이의 의미상의 유사성을 지적해 주며, 또한 일어났던 사건들을 재차 언급, 요약하여 기술한다(2:7과 2:22; 8:19, 28/ 1:3-6과 11:16/ 1:12-18과 22:1-6). 가나안 땅 정복을 위해 믿음으로 행하는 것(1장)과 땅을 분배하기 전에 이 믿음을 강조하는 것(14장:갈렙의 믿음) 등이 그러한 예이다. (4) 가나안 땅을 본격적으로 정복하기 전에 아간의 범죄를 다룬 것(7장)은 약속된 땅에는 성결한 자만이 들어살 수 있다는 것을 암시하려는 저자의 의도가 담겨 있다. 구성상의 형태에 집착하는 것은 큰 오류의 위험이 있기는 하나, 적어도 이 같은 구성상의 통일성은 하나님의 언약이 반드시 성취된다는 사실을 더욱 강조하고 있다.

내용 분해

1. 약속의 땅에 들어감 (1:1-5:12)
2. 약속의 땅의 정복 (5:13-12:24)
3. 약속의 땅의 분배 (13:1-22:34)
4. 여호수아의 고별인사와 죽음 (23:1-24:33)

여호수아 Joshua

1

2

3

4

5

6

7

8

9

10

11

12

13

14

15

16

17

18

2

2

3

4

5

6

7

8

9

10

11

12

13

14

15

16

17

18

19

20

21

22

23

24

3

2

3

4

5

6

7

8

9

10

11

12

13

14

15

16

17

4

2

3

4

5

6

7

8

9

10

11

12

13

14

15

16

17

18

19

20

21

22

23

24

5

2

3

4

5

6

7

8

9

10

11

12

13

14

15

6

2

3

4

5

6

7

8

9

10

11

12

13

14

15

16

17

18

19

20

21

22

23

24

25

26

27

7

2

3

4

5

6

7

8

9

10

11

12

13

14

15

16

17

18

19

20

21

22

23

24

25

26

8

2

3

4

5

6

7

8

9

10

11

12

13

14

15

16

17

18

19

20

21

22

23

24

25

26

27

28

29

30

31

32

33

34

35

9

2

3

4

5

6

7

8

9

10

11

12

13

14

15

16

17

18

19

20

21

22

23

24

25

26

27

10

2

3

4

5

6

12

7

13

8

9

14

10

15

11

16

17

18

19

20

21

22

23

24

25

26

27

28

29

30

31

32

33

34

35

36

37

38

39

40

41

42

43

11

2

3

4

5

6

7

8

9

10

11

12

13

14

15

16

17

18

19

20

21

22

23

12

2

3

4

5

6

7

8

9

10

11

12

13

14

15

16

17

18

19

20

21

22

23

24

13

2

3

4

5

6

7

8

9

10

11

12

13

14

15

16

17

18

19

20

21

22

23

24

25

26

27

28

29

30

31

32

33

14

2

3

4

5

6

7

8

9

10

11

12

13

14

15

15

2

3

4

5

6

7

8

9

10

11

12

13

14

15

16

17

18

19

20

21

22
23
24
25

26
27
28

29
30
31
32

33

34

35

36

37
38

39

40

41

42

43

44

45

46

47

48

49

50

51

52

53

54

55

56

57

58

59

60

61

62

63

16

2

3

4

5

6

7

8

9

10

17

2

3

4

5

6

7

8

9

10

11

12

13

14

15

16

17

18

18

2

3

4

5

6

7

8

9

10

11

12

13

14

15

16

17

18

19

20

21

22

23

24

25

26

27

28

19

2

3

4

5

6

7

8

9

10

11

12

13

14

15

16

17

18

19

20

21

22

23

24

25

26

27

28

29

30

31

32

33

34

35

36

37

38

39

40

41

42

43

44

45

46

47

48

49

50

51

20

2

3

4

5

6

7

8

9

21

2

3

4

5

6

7

8

9

10

11

12

13

14

15

16

17

18

19

20

21

22

23

24

25

26

27

28

29

30

31

32

33

34

35

36

37

38

39

40

41

42

43

44

45

22

2

3

4

5

6

7

8

9

10

11

12

13

14

15

16

17

18

19

20

21

22

23

24

25

26

27

28

29

30

31

32

33

34

23

2

3

4

5

6

7

8

9

10

11

12

13

14

15

16

24

2

3

4

5

6

7

8

9

10

11

12

13

14

15

16

17

18

19

20

21

22

23

24

25

26

27

28

29

30

31

32

33

사사기

제목

히브리 성경에서 사사기의 책명은 '쇼페팀'이다. 이 단어는 본래 "사사들", "재판관들", "지도자들"이라는 뜻의 말이다. 이 사사들은 여호수아 이후부터 왕정 수립 이전까지의 기간에 활약했던 이스라엘의 지도자들이다.

저자와 저작 연대

탈무드에 의하면 사무엘이 사사기를 기록하였다고 하나, 확실한 것은 알려져 있지 않다. 저작 연대에 관하여도 정확한 연도는 알 수 없지만 왕정 시대에 기록되었다는 것은 확실하다. "그 때에는 이스라엘에 왕이 없었으므로"(17:6)라는 표현은 이 책이 왕정 수립 이후에 기록되었다는 것을 알려 준다. 그리고 여부스 족속이 여전히 예루살렘을 장악하고 있다는 사실(1:21)은 다윗의 예루살렘 점령(B.C. 1000년경, 참조. 삼하 5:6) 이전에 사사기가 기록되었다는 것을 시사한다.

기록 장소와 대상

사사기는 약속의 땅인 가나안에서 기록되었으며, 이스라엘 백성을 대상으로 썼다.

역사적 배경과 기록 목적

사사기는 가나안 정복 후부터 왕정 시대가 시작되기 전까지의 과도기적인 역사 속에서 이스라엘의 불순종과 이방신을 섬김으로 생겨난 영적 퇴보 가운데 반복적으로 나타나는 하나님의 언약적인 사랑을 다룬다. 이스라엘이 하나님을 배반하고 우상을 숭배하며 죄를 범한 결과가 어떤 것이며, 그럼에도 불구하고 하나님께서는 끊임없이 이스라엘을 사랑하고 구원하신다는 사실을 보여준다. 이스라엘 백성은 왕이 없다는 이유로 종교적으로는 자기 하고 싶은 대로 행했고(17:6; 21:25 참조. 삿 18:1; 19:1), 정치적으로는 끊임없이 적들의 침입을 당했다. 사사기는 이런 일들이 발생하는 것이 이스라엘에 정치적인 왕이 없어서라기보다는 그들의 진정한 왕이신 하나님을 인정하지 않았기 때문임을 보여준다(8:23).

'사사'란 어떤 사람들인가?

사사(Judge)는 백성들을 재판하는 일을 하기도 했지만(참조. 삿 4:5), 사실 재판관이 아니라 군사적인 지도자 또는 중재자였다. 이들은 주로 제한된 지역에서 제한된 대상(지파)을 중심으로 활동했으며, 이스라엘의 특정 지파를 위협하는 적들과 전쟁을 벌여 그 지파를 구원하는 일을 했다.

주요 사건 연대

B.C.

- 여호수아의 죽음(수 24:29)과 사사 시대의 개막 B.C. 1390
- 옷니엘의 활약 (3:9–11) B.C. 1367–1327
- 에훗의 활약 (3:15–30) B.C. 1309–1229
- 여 사사 드보라의 활약 (4:4–5:31) B.C. 1209–1169
- 기드온의 활약 (6:7–8:35) B.C. 1162–1122
- 입다의 활약 (10:10–12:7) B.C. 1078–1072
- 삼손의 활약 (13:2–16:31) B.C. 1075–1055

그들은 하나님에 의해 선택을 받았으며(2:16), 예언자처럼 하나님의 영에 감동되어 일을 감당하기도 했다(3:10; 6:34; 11:29; 13:25). 사사들은 부정기적으로 활동했기 때문에 한동안 사사가 없던 기간도 있었고, 여러 지역과 지파에서 여러 사사들이 동시에 출현하는 경우도 있었다(입다와 삼손은 같은 시기에 활동한 것으로 보인다). 사사들은 대사사(옷니엘, 에훗, 드보라, 기드온, 입다, 삼손)와 소사사(삼갈, 야일, 입산, 엘론, 압돈)로 나뉜다.

핵심어 및 내용

사사기의 핵심어는 "불순종", "심판", "회개", "자비" 등이다. 이스라엘 백성은 반복되는 자신들의 타락에 대해서 회개하고 돌이키기보다는 계속해서 죄를 범하였다. 그들은 불순종함으로 말미암아 하나님의 심판을 받게 되었다. 그러나 고통 가운데에서 이스라엘 백성이 회개하자 하나님께서는 그의 자비로써 이스라엘 백성을 회복하고 그들에게 평안한 삶을 허락해 줄 지도자를 세우셨다.

주요 내용

사사기는 여호수아의 가나안 정복과 땅 분배가 완전히 끝나지 않은 데서부터 시작한다. 그 땅에 남아 있던 가나안 사람들과 이스라엘의 끊임없는 전쟁과 공격, 하나님의 구원을 요청하는 이스라엘의 부르짖음, 하나님께서 사사를 세우심, 그 땅에 얼마 동안 지속되는 안식에 관한 내용들로 반복된다. 사사기에는 이스라엘의 특정 지파를 구원하기 위해 간헐적으로 선발되는 사사들과 하나님께서 그 사사들을 독특하게 사용하신 이야기가 나온다. 즉, 옷니엘, 에훗과 단검, 삼갈과 소 모는 막대기, 여자 사사 드보라와 바락, 기드온과 300명, 입다의 성급한 서원, 삼손의 긴 머리와 들릴라 등 많은 사사들과 많은 이야기들이 등장하며, 여호와의 천사 또한 자주 등장한다. 사사기에서 발생하는 종교적, 도덕적인 죄들은 그때에 이스라엘 사람들에게 왕이 없었기 때문에 사람들마다 자기 하고 싶은 대로 했다는 사실에 기인한다.

특징

이스라엘 백성은 가나안 땅을 정복하고 그 땅을 기업으로 나눠 가진 이후에 끊임없이 우상을 숭배하고 여러 가지 죄를 범함으로써 하나님을 배반했다. 그럴 때마다 하나님께서는 이스라엘을 이웃 나라의 손에 넘기셨으며, 이웃 나라는 오랫동안 이스라엘을 압제했다. 이스라엘은 고통에 못 이겨 하나님께 도움을 호소하고, 하나님께서는 사사를 일으켜 그 백성을 구원하셨다. 이런 반복되는 사건 속에서 이스라엘 백성의 연약함과 하나님의 신실하심이 대조된다. 사사들은 비록 흠이 있었지만, 하나님께서는 그들을 사용하여 백성들을 구원하셨다. 사사기에는 이스라엘 사람들에게 왕이 없다는 사실이 반복해서 언급되고(17:6; 18:1; 19:1; 21:25), 언젠가 이스라엘에 정치적인 왕이 등장할 것이 암시된다. 이런 상황에서 사사기 저자는 독자들에게 이스라엘의 진정한 왕은 오직 하나님 한 분뿐이라는 사실을 주지시킨다(8:23).

주제와 신학

사사기 전체를 통해서 나타나는 가장 중요한 주제 중 하나는 이스라엘에 대한 하나님의 주권이다. 이스라엘에 대한 하나님의 왕권은 시내산 언약(출 19-20장)에 의하여 수립되었으며, 그후 모압 평지(신 29장)에서 모세와, 세겜(수 24장)에서는 여호수아에 의해 다시 확인되었다. 사사기 속에 나타난 불순종, 이방인의 압제, 곤경 중에서의 부르짖음, 구원이라는 반복적 주기로부터 우리는 또 하나의 중요한 주제를 끌어낼 수 있다. 바로 언약에 대한 여호와 하나님의 신실하심이다. 혼란스러웠던 사사 시대만큼 하나님의 놀라운 인내와 오래 참으심이 잘 나타난 때도 없다. 사사 시대의 이스라엘 역사는 하나님께 대한 불충과 배약(背約)의 역사였지만, 이스라엘은 오직 하나님의 긍휼하심으로만 주변의 이방 나라들에게 흡수당하지 않을 수 있었다. 그러나 이스라엘의 실패의 역사와 함께 다른 한편에서는 앞으로 도래할 여호와의 종 다윗과 그의 왕조의 수립을 기다리는 구속의 역사가 끊이지 않고 진행된다.

내용 분해

1. 머리말: 불완전한 정복과 배교 (1:1-3:6)
2. 압제와 구원 (3:7-16:31)
3. 맺는말: 종교적·도덕적 무질서 (17-21장)

1

2

3

4

5

6

7

8

9

10

11

12

13

14

15

16

17

18

19

20

21

22

23

24

25

26

27

28

29

30

31

32

33

34

35

36

2

2

3

4

5

6

7

8

9

10

11

12

13

14

15

16

17

18

19

20

21

22

23

3

2

3

4

5

6

7

8

9

10

11

12

13

14

15

16

17

18

19

20

21

22

23

24

25

26

27

28

29

30

31

4

2

3

4

5

6

7

8

9

10

11

12

13

14

15

16

17

18

19

20

21

22

23

24

5

2

3

4

5

6

7

8

9

10

11

12

13

14

15

16

17

18

19

20

21

22

23

24

25

26

27

28

29

30

31

6

2

3

4

5

6

7

8

9

10

11

12

13

14

15

16

17

18

19

20

21

22

23

24

25

26

27

28

29

30

31

32

33

34

35

36

37

38

39

40

7

2

3

4

5

6

7

8

9

10

11

12

13

14

15

16

17

18

19

20

21

22

23

24

25

8

2

3

4

5

6

7

8

9

10

11

12

13

14

15

16

17

18

19

20

21

22

23

24

25

26

27

28

29

30

31

32

33

34

35

9

2

3

4

5

6

7

8

9

10

11

12

13

14

15

16

17

18

19

20

21

22

23

24

25

26

27

28

29

30

31

32

33

34

35

36

37

38

39

40

41

42

43

44

45

46

47

48

49

50

51

52

53

54

55

56

57

10

2

3

4

5

6

7

8

9

10

11

12

13

14

15

16

17

18

11

2

3

4

5

6

7

8

9

10

11

12

13

14

15

16

17

18

19

20

21

22

23

24

25

26

27

28

29

30

31

32

33

34

35

36

37

38

39

40

12

2

3

4

5

6

7

8

9

10

11

12

13

14

15

13

2

3

4

5

6

7

8

9

10

11

12

13

14

15

16

17

18

19

20

21

22

23

24

25

14

2

3

4

5

6

7

8

9

10

11

12

13

14

15

16

17

18

19

20

15

2

3

4

5

6

7

8

9

10

11

12

13

14

15

16

17

18

19

20

16

2

3

4

5

6

7

8

9

10

11

12

13

14

15

16

17

18

19

20

21

22

23

24

25

26

27

28

29

30

31

17

2

3

4

5

6

7

8

9

10

11

12

13

18

2

3

4

5

6

7

8

9

10

11

12

13

14

15

16

17

18

19

20

21

22

23

24

25

26

27

28

29

30

31

19

2

3

4

5

6

7

8

9

10

11

12

13

14

15

16

17

18

19

20

21

22

23

24

25

26

27

28

29

30

20

2

3

4

5

6

7

8

9

10

11

12

13

14

15

16

17

18

19

20

21

22

23

24

25

26

27

28

29

30

31

32

33

34

35

36

37

38

39

40

41

42

43

44

45

46

47

48

21

2

3

4

5

6

7

8

9

10

11

12

13

14

15

16

17

18

19

20

21

22

23

24

25

룻기

제목

룻기는 남편이 죽은 뒤 과부인 시어머니와 함께 베들레헴으로 이주한 모압 여인 룻의 이름을 따서 붙인 명칭이다. 룻은 다윗 왕(4:18–22)과 예수님(마 1:5)의 조상이었으므로 이스라엘 역사에서 중요한 위치를 차지한다.

저자와 저작 연대

본서의 저자는 본문에 나타나 있지 않다. 유대 전승은 사무엘이 기록했다고 전하지만, 룻기 4장 17절과 22절에 다윗이 등장하는 것으로 볼 때 바람직한 견해는 아니다. 사무엘은 다윗이 즉위하기 전에 죽었기 때문이다. 그러므로 룻기는 아마도 왕국 초기, 다윗의 재위 기간에 기록되었을 것이다. 본서에 나타나는 계보에 다윗의 아들 솔로몬이 언급되지 않기 때문이다. 비록 저자가 확실하지는 않지만 그 심오한 영적 가치와 문학적인 아름다움을 과소평가해서는 안 된다.

기록 시기는 확실하지 않지만, 본서의 이야기 자체는 사사 시대 후반부(B.C. 1100년)에 일어난 것으로 약 12년의 기간을 다룬다. 이스라엘의 역사 가운데 이 시기는 일반적으로 반역과 부도덕의 황무지였지만, 본서는 이와는 대조적으로 정직과 공의의 오아시스처럼 자리잡고 있다.

기록 장소와 대상

기록 장소는 어디인지 모른다(아마도 유다에서 기록했을 것이다). 룻기는 이스라엘 백성을 대상으로 기록되었다.

기록 목적

룻기의 배경은 사사 시대이다. 베들레헴에 살았던 한 경건한 가정의 슬픔과 기쁨을 통해 그 속에서 활동하시는 하나님의 구원 역사를 보여주고 있다.

핵심어 및 내용

룻기의 핵심어는 "기업 무를 자"와 "조상"이다. 보아스는 나오미의 친척으로서 나오미의 기업에 대한 권리를 회복시켜 주기 위하여 기꺼이 기업 무를 자가 되었다. 그래서 그는 룻과 결혼을 하였고, 아들을 낳아 나오미 집안의 가계를 이어 주었다. 이렇게 하여서 룻은 다윗의 족보 속에 들어갔다. 보아스와 룻은 다윗의 증조부와 증조모가 되었다.

주요 사건 연대

B.C.

여호수아의 죽음(수 24:29)과 사사 시대의 개막
B.C. 1390

옷니엘의 활약
(삿 3:9–11)
B.C. 1367–1327

모압의 압제
(삿 3:12–14; 비교 룻 1:1)
B.C. 1327–1309

에훗의 활약
(삿 3:15–30)
B.C. 1309–1229

여 사사 드보라의 활약
(삿 4:4–5:31)
B.C. 1209–1169

기드온의 활약
(삿 6:7–8:35)
B.C. 1162–1122

사무엘의 출생
(삼상 1:20)
B.C. 1103

입다의 활약
(삿 10:10–12:7)
B.C. 1078–1072

삼손의 활약
(삿 13:2–16:31)
B.C. 1075–1055

사울의 기름부음 받음
(삼상 10:1–27)과 왕정 시대의 개막
B.C. 1050

신학

1. 하나님의 이름

룻기의 주요 등장인물들은 각자 여호와 하나님께 대한 깊은 믿음을 고백한다('여호와'라는 이름은 룻기에서 18회 나온다). '여호와'라는 하나님의 이름은 출애굽기에서 하나님이 이스라엘 백성을 구원하셔서, 그들을 시내산으로 이끄시고 그들과 언약을 맺으실 때 두드러지게 나타난다. 또 다른 하나님의 이름은 '엘 샤다이'(전능하신 하나님)이다(1:20-21). 창세기에 나오는 '엘 샤다이'라는 이름은 인간의 무력함을 강조하고, 인간의 무기력한 상태를 변화시킬 수 있는 하나님에 대해 말할 때 사용되었다.

2. 구속

'기업을 무르다·속량하다·구속하다'라는 히브리어 동사 '가알'이 이 짧은 책에서 20회 나온다. 이 말은 가족법과 관련되는 용어이다. 곧 한 가족(친족)의 구성원은 다른 구성원을 보호할 의무를 지고 있었다. 가족(친족)의 재산을 다시 무르거나(레 25:25), 종으로 팔린 형제를 자유롭게 해 주거나(레 25:47-55), 자기 친족을 죽인 살인자에게 복수하는(민 35장; 신 19:6) 보호자가 되어야 했다. 이런 보호자가 된 가까운 친족을 '고엘'이라고 한다. 구약성경에서 여호와가 이스라엘의 '고엘'이라고 말할 때, 그것은 하나님의 언약을 강조하는 것이다.

3. 헤세드(자비)

'헤세드'라는 히브리어 단어는 1:8과 2:20과 3:10에 나오는데, 그 의미를 한 단어로 나타내기는 매우 어렵다. 룻기에서 '선택, 은혜, 인애' 등의 뜻을 가진 '헤세드'는 하나님의 신실한 보호뿐만 아니라 하나님과 나누는 교제의 따스함을 포함하는 개념이다. 하나님의 '헤세드'를 체험한 사람은 그것에 의해서 변화되어야만 한다. 그래서 다른 사람들에게 그와 같은 사랑을 주어야만 한다. 나오미와 보아스는 그렇게 했다. 그러나 '헤세드'를 베풀었다는 말을 들은 사람은 정작 모압 여인 룻이었다(3:10, '네가 베푼 인애가').

특징

룻기는 사사 시대라는 고통의 상황을 배경으로 한 사랑과 헌신과 구속의 이야기다. 이스라엘 민족과 이스라엘의 하나님께 의탁하기 위해 자신의 이교적 유산을 다 버린 모압 여인 룻이 그 중심인물이다. 본서의 가장 두드러지는 주제는 '구속'이다. 본서에는 친족을 의미하는 히브리어 단어 '고엘'(goel)이 13번 나오는데, 이는 기본적으로 '구속하는 사람'을 뜻한다. 보아스는 룻과 결혼하여 가계를 이을 아들의 아버지가 될 뿐 아니라 나오미의 땅을 다시 매입하여 기업 무를 자(구속자)로서 행동한다. 보아스의 이 일시적인 구속은 하나님의 구속 사역을 가리키며, 하나님의 구속 사역은 그리스도가 자신을 내어 주셔서 '모든 불법에서 우리를 속량하신 것'(딛 2:14)에서 절정에 이른다. 또 다른 주요 용어는 언약에 대한 충성을 의미하는 '인애'(헤세드)이다(1:8; 2:20; 3:10). 룻과 보아스는 '각기 자기의 소견에 옳은 대로 행하는 시대'(삿 21:25)에 언약의 공의와 충성이 무엇인지를 보여준다. 이러한 충성은 하나님께서 자기 백성과 맺으신 언약 관계를 설명할 때와 같은 용어이다. 본서에는 하나님의 섭리 또한 강조되어 나타나고 있다. 본서의 그들은 하나님의 신비로운 손길로 인도받았고, 하나님께서는 이스라엘의 위대한 왕 다윗(4:22)의 길을 준비하는 데 그들의 비범한 믿음을 사용하셨다. 하나님의 이름은 본서 총 85절 가운데 23번 등장한다. 이처럼 하나님의 백성의 삶에 의미 없는 사건은 하나도 없다. 하나님께서 항상 관여하시기 때문이다.

내용 분해

1. 서론:공허한 나오미 (1:1-5)
2. 모압에서 돌아온 나오미 (1:6-22)
3. 추수 밭에서 만난 룻과 보아스 (2:1-23)
4. 타작마당의 보아스에게 간 룻 (3:1-18)
5. 룻과 결혼하기 위해 문제를 해결한 보아스 (4:1-12)
6. 결론:가득 채워진 나오미 (4:13-17)
7. 후기:다윗의 족보 (4:18-22)

1

2

3

4

5

6

7

8

9

10

11

12

13

14

15

16

17

18

19

20

21

22

2

2

3

4

5

6

7

8

9

10

11

12

13

14

15

16

17

18

19

20

21

22

23

3

2

3

4

5

6

7

8

9

10

11

12

13

14

15

16

17

18

4

2

3

4

5

6

7

8

9

10

11

12

13

14

15

16

17

18

19

20

21

22

사무엘상

제목

사무엘상·하는 열왕기상·하와 마찬가지로 원래 히브리 성경에서는 한 권의 책으로 되어 있었다. 후에 칠십인역의 집필진에 의해 두 권의 책으로 나뉘어 '왕국기' α(알파)와 β(베타)로 불렸고, 사무엘에서 시작된 왕국 역사가 계속 이어지는 열왕기도 각각 '왕국기' γ(감마)와 δ(델타)로 불렸다. 제롬에 의해 라틴어로 번역된 벌게이트(불가타) 역에서는 오늘날의 역본에서와 마찬가지로 사무엘상·하, 열왕기상·하의 네 권으로 분류하였다.

저자와 저작 연대

누가 기록했는지는 알 수 없다(아마도 갓이나 나단의 회고록에서 발췌하여 사무엘이 기록하였을 것이다). 본서는 아마도 B.C. 1050에서 931년 사이에 기록되었을 것이다. 그러나 B.C. 930–722년 사이의 어느 시점에 이르러서야 한 권의 책으로 완성되었다.

기록 장소와 대상

기록 장소는 어디인지 모른다(아마도 이스라엘에서 기록했을 것이다). 사무엘상은 이스라엘 백성을 대상으로 기록되었다. 본서는 이스라엘 왕정의 설립과 이에 대한 사무엘의 역할에 관한 기사를 서술한 것인데, 이것은 왕정 제도의 수립 과정에 대하여 기록하고 있을 뿐 아니라, 이런 통치 제도가 하나님께로부터 온 것이라는 점을 지적해 주는 역할도 한다.

기록 배경과 목적

첫째, 이스라엘 백성들의 우상 숭배와 불순종에도 불구하고 하나님께서 끊임없이 인자와 은혜를 베푸셨다는 것을 보여주기 위함이다. 2장의 한나의 기도는 사무엘상의 기록 목적이 가난하고 비천한 이스라엘을 높이시고 기름부음 받은 자를 회복시키시는 하나님을 찬양하기 위한 것임을 보여준다.

둘째, 하나님께서 대리자를 통해 직접 다스리시던 신정 정치에서 어떻게 왕정 정치로 넘어가게 되었는지를 보여준다. 왕을 요구한 이스라엘 백성들은 영적으로 하나님께서 왕이 되시는 것을 거부하는 악한 죄를 저질렀다. 그럼에도 불구하고 하나님께서는 왕정을 허락하신다. 백성들이 그토록 간절히 원하던 왕정은 후에 그들에게 오히려 고통의 원인이 되는 징벌적 성격을 갖는다.

셋째, 하나님의 주권적 선택과 그것에 대한 인간의 반응에 대해서 보여준다. 하나님께서는 사무엘, 사울, 다윗을 주권적으로 선택하셨다. 이들

주요 사건 연대

B.C.

- 마지막 사사로 부름 받은 사무엘 (3:1–21) B.C. 1091
- 블레셋에게 법궤를 빼앗겼다가 되찾음 (4:1–6:21) B.C. 1060
- 사울의 기름부음 받음 (10:1–27)과 왕정 시대의 개막 B.C. 1050
- 다윗의 출생 B.C. 1040
- 다윗의 기름부음 받음 (16:1–13) B.C. 1025
- 다윗과 골리앗의 싸움 (17:1–54) B.C. 1020
- 사무엘의 죽음 (25:1) B.C. 1017
- 사울 왕의 죽음 (31:1–6) B.C. 1010

가운데 사울은 사무엘, 다윗과 아주 대조되는 모습을 보여준다. 사무엘과 다윗은 고난과 역경의 상황 가운데서도 하나님만을 의지했고 그분의 말씀에 철저하게 순종했다. 그러나 사울은 백성들의 큰 기대를 받았지만 영적 무지와 불신앙으로 하나님께 반응했다. 하나님의 주권적 선택에 신앙과 순종으로 반응한 사무엘과 다윗은 하나님의 축복과 은혜를 자신뿐 아니라 온 백성에게 전달하는 자가 되었다. 그러나 사울은 하나님께 버림을 받고 스스로 목숨을 끊었을 뿐 아니라 온 백성에게 불안과 고통을 안겨 준 장본인이 되었다.

핵심어 및 내용

사무엘상의 핵심어는 "시기"와 "마음"이다. 이 책은 시기심으로 가득 차 있다. 이스라엘은 이웃 나라들에게 왕이 있는 것을 보고 그것을 시기하였다. 또한 사울은 다윗이 승리하는 것을 시기하였다. 하지만 하나님께서는 사람의 마음을 감찰하시기 때문에 인간들이 생각하는 방식대로 하나님의 사람을 선택하시지는 않는다.

주요 내용

이스라엘은 사사의 시대를 거치면서 역사의 뒤안길로 사라질 위기에 처했다. 외적으로 이스라엘 백성들은 우상 숭배와 불순종으로 인해 이방 민족들의 심한 공격과 압제를 받았다. 내적으로 종교는 형식화되었으며, 백성들은 분열되고 도덕적으로 타락했다. 그런 와중에도 하나님께서는 이스라엘을 버리지 않으시고 사무엘을 통해 구원하시고 개혁하신다.

그러나 이스라엘 백성들은 구원자 되시는 하나님을 버리고 이방 나라처럼 왕을 세워 달라고 요구한다. 하나님께서는 백성들의 요구대로 사울을 왕으로 주셨지만, 그는 영적 무지와 불신앙으로 하나님께 반응하였고 결국 버림을 받게 된다.

하나님께서는 구원과 은혜를 베푸시기 위해 다윗을 선택하신다. 그는 메시아의 모델이 되는 왕이었다. 다윗은 하나님과 백성을 섬기고 사랑하는 왕으로 준비되기 위해 극심한 고난과 환난의 시기를 보낸다.

신학

사무엘상·하는 사사 시대의 종말과 아울러 이스라엘에서 다윗의 영도하에 본격적인 모습을 드러낸 새로운 신정 체제인 왕정 제도의 수립을 상세하게 기술한다. 본서에 기록된 이스라엘의 역사는 단순히 한 민족의 형성사나 왕정사가 아니다. 즉, 인간 중심의 세속사가 아니라 하나님 왕국이 진행되어 가는 과정을 그린 구속사이며, 전 인류 역사의 핵심적인 사건을 하나님 중심으로 기록한 진리의 보고이다.

사무엘은 모세 이래(신 18:18) 본격적으로 선지자직을 수행한 최초의 인물로서, 이스라엘을 향하여 하나님의 뜻을 선포하고 기록한 자였다. 그는 하나님이 부여한 권위를 가지고 초기의 왕인 사울과 다윗에게 기름을 부었다. 따라서 사무엘은 사울이 즉위하기 전까지 이스라엘의 실제적인 통치자(사사)였으며, 선지자직과 제사장 직책도 겸임한 최초의 인물이었음을 알 수 있다. 예수께서 메시아로 오시기 전까지 이 세 가지의 직분이 분명하게 한 인물에게서 드러난 경우는 사무엘을 제외하고는 다윗을 들 수 있을 정도이다. 이로써 사무엘의 생애 자체가 하나님의 왕국을 대변하는 대리자의 모습임을 알 수 있다. 하나님께서는 사무엘을 통해서 신정국 이스라엘 본연의 자태를 드러내게 하시려고 새로운 통치 질서인 왕정 제도를 수립하게 하신 것이다. 이때부터 본격적으로 하나님의 나라가 이 세상에 왕국 체제를 갖추고 그 모습을 드러내게 되었다고 볼 수 있다. 결국 한마디로 요약하면, 사무엘서는 하나님 왕국 건설의 형성사라고 할 수 있는 것이다.

내용 분해

1. 사무엘의 생애와 사역 (1:1-7:17)
2. 사울 왕의 통치 (8:1-15:35)
3. 사울 왕정의 몰락과 다윗 왕정의 수립 (16:1-31:13)

1

2

3

4

5

6

7

8

9

10

11

12

13

14

15

16

17

18

19

20

21

22

23

24

25

26

27

28

2

2

3

4

5

6

7

8

9

10

11

12

13

14

15

16

17

18

19

20

21

22

23

24

25

26

27

28

29

30

31

32

33

34

35

36

3

2

3

4

5

6

7

8

9

10

11

12

13

14

15

16

17

18

19

20

21

4

2

3

4

5

6

7

8

9

10

11

12

13

14

15

16

17

18

19

20

21

22

5

2

3

4

5

6

7

8

9

10

11

12

6

2

3

4

5

6

7

8

9

10

11

12

13

14

15

16

17

18

19

20

21

7

2

3

4

5

6

7

8

9

10

11

12

13

14

15

16

17

8

2

3

4

5

6

7

8

9

10

11

12

13

14

15

16

17

18

19

20

21

22

9

2

3

4

5

6

7

8

9

10

11

12

13

14

15

16

17

18

19

20

21

22

23

24

25

26

27

10

2

3

4

5

6

7

8

9

10

11

12

13

14

15

16

17

18

19

20

21

22

23

24

25

26

27

11

2

3

4

5

6

7

8

9

10

11

12

13

14

15

12

2

3

4

5

6

7

8

9

10

11

12

13

14

15

16

17

18

19

20

21

22

23

24

25

13

2

3

4

5

6

7

8

9

10

11

12

13

14

15

16

17

18

19

20

21

22

23

14

2

3

4

5

6

7

8

9

10

11

12

13

14

15

16

17

18

19

20

21

22

23

24

25

26

27

28

29

30

31

32

33

34

35

36

37

38

39

40

41

42

43

44

45

46

47

48

49

50

51

52

15

2

3

4

5

6

7

8

9

10

11

12

13

14

15

16

17

18

19

20

21

22

23

24

25

26

27

28

29

30

31

32

33

34

35

16

2

3

4

5

6

7

8

9

10

11

12

13

14

15

16

17

18

19

20

21

22

23

17

2

3

4

5

6

7

8

9

10

11

12

13

14

15

16

17

18

19

20

21

22

23

24

25

26

27

28

29

30

31

32

33

34

35

36

37

38

39

40

41

42

43

44

45

46

47

48

49

50

51

52

53

54

55

56

57

58

18

2

3

4

5

6

7

8

9

10

11

12

13

14

15

16

17

18

19

20

21

22

23

24

25

26

27

28

29

30

19

2

3

4

5

6

7

8

9

10

11

12

13

14

15

16

17

18

19

20

21

22

23

24

20

2

3

4

5

6

7

8

9

10

11

12

13

14

15

16

17

18

19

20

21

22

23

24

25

26

27

28

29

30

31

32

33

34

35

36

37

38

39

40

41

42

5

6

21

7

2

8

3

9

4

10

11

12

13

14

15

22

2

3

4

5

6

12

7

13

8

14

9

15

10

16

11

17

18

19

20

21

22

23

23

2

3

4

5

6

7

8

9

10

11

12

13

14

15

16

17

18

19

20

21

22

23

24

25

26

27

28

29

24

2

3

4

5

6

7

8

9

10

11

12

13

14

15

16

17

18

19

20

21

22

25

2

3

4

5

6

7

8

9

10

11

12

13

14

15

16

17

18

19

20

21

22

23

24

25

26

27

28

29

30

31

32

33

34

35

36

37

38

39

40

41

42

43

44

26

2

3

4

5

6

7

8

9

10

11

12

13

14

15

16

17

18

19

20

21

22

23

24

25

27

2

3

4

5

6

7

8

9

10

11

12

28

2

3

4

5

6

7

8

9

10

11

12

13

14

15

16

17

18

19

20

21

22

23

24

25

29

2

3

4

5

6

7

8

9

10

11

30

2

3

4

5

6

7

8

9

10

11

12

13

14

15

16

17

18

19

20

21

22

23

24

25

26

27

28

29

30

31

31

2

3

4

5

6

7

8

9

10

11

12

13

MEMO

주의 말씀은 내 발에 등이요 내 길에 빛이니이다. 주의 의로운
규례들을 지키기로 맹세하고 굳게 정하였나이다_시편 119:105-106

MEMO

주의 말씀은 내 발에 등이요 내 길에 빛이니이다. 주의 의로운
규례들을 지키기로 맹세하고 굳게 정하였나이다_시편 119:105-106

MEMO

주의 말씀은 내 발에 등이요 내 길에 빛이니이다. 주의 의로운
규례들을 지키기로 맹세하고 굳게 정하였나이다_시편 119:105-106

MEMO

주의 말씀은 내 발에 등이요 내 길에 빛이니이다. 주의 의로운
규례들을 지키기로 맹세하고 굳게 정하였나이다_시편 119:105-106

MEMO

주의 말씀은 내 발에 등이요 내 길에 빛이니이다. 주의 의로운
규례들을 지키기로 맹세하고 굳게 정하였나이다_시편 119:105-106

MEMO

주의 말씀은 내 발에 등이요 내 길에 빛이니이다. 주의 의로운
규례들을 지키기로 맹세하고 굳게 정하였나이다_시편 119:105-106

MEMO

주의 말씀은 내 발에 등이요 내 길에 빛이니이다. 주의 의로운
규례들을 지키기로 맹세하고 굳게 정하였나이다_시편 119:105-106

MEMO

주의 말씀은 내 발에 등이요 내 길에 빛이니이다. 주의 의로운
규례들을 지키기로 맹세하고 굳게 정하였나이다_시편 119:105-106

손수 쓰신 쓰기성경을 한 권으로 합본해 드립니다.

최고급 가죽 (천연 우피) 표지 제본

▲ 정면

▲ 측면

제본 비용 등 자세한 제본 문의는 **(031)977-2855** 또는
가까운 **기독교 서점**을 통해 문의하시기 바랍니다.

AGAPE
[주]아가페출판사

십계명 The Ten Commandments

하나님이 이 모든 말씀으로 말씀하여 이르시되
나는 너를 애굽 땅, 종 되었던 집에서 인도하여 낸 네 하나님 여호와니라.

제일은, 너는 나 외에는 다른 신(神)들을 네게 두지 말라.

제이는, 너를 위하여 새긴 우상을 만들지 말고,
또 위로 하늘에 있는 것이나, 아래로 땅에 있는 것이나,
땅 아래 물 속에 있는 것의 어떤 형상도 만들지 말며,
그것들에게 절하지 말며, 그것들을 섬기지 말라.

나 네 하나님 여호와는 질투하는 하나님인즉 나를 미워하는 자의 죄를 갚되,
아버지로부터 아들에게로 삼사 대까지 이르게 하거니와,
나를 사랑하고 내 계명을 지키는 자에게는 천 대까지 은혜를 베푸느니라.

제삼은, 너는 네 하나님 여호와의 이름을 망령되게 부르지 말라.

여호와는 그의 이름을 망령(妄靈)되게 부르는 자를 죄 없다 하지 아니하리라.

제사는, 안식일(安息日)을 기억하여 거룩하게 지키라.

엿새 동안은 힘써 네 모든 일을 행할 것이나, 일곱째 날은 네 하나님
여호와의 안식일인즉, 너나 네 아들이나 네 딸이나, 네 남종이나 네 여종이나,
네 가축이나, 네 문 안에 머무는 객이라도 아무 일도 하지 말라.
이는 엿새 동안에 나 여호와가 하늘과 땅과 바다와 그 가운데 모든 것을
만들고 일곱째 날에 쉬었음이라. 그러므로 나 여호와가 안식일(安息日)을
복되게 하여, 그날을 거룩하게 하였느니라.